भारत की आंतरिक सुरक्षा
चुनौतियाँ और समाधान

अ अक्षर
प्रतियोगी पुस्तकें

भारत की आंतरिक सुरक्षा

चुनौतियाँ और समाधान

विवेक ओझा

राजकमल प्रकाशन

ISBN : 978-93-89598-52-0

मूल्य : ₹150

पहला संस्करण : 2020

अ अक्षर
प्रतियोगी पुस्तकें

प्रकाशक

राजकमल प्रकाशन प्रा. लि.
1-बी, नेताजी सुभाष मार्ग, दरियागंज
नई दिल्ली-110 002

शाखाएँ

अशोक राजपथ, साइंस कॉलेज के सामने, पटना-800 006
पहली मंजिल, दरबारी बिल्डिंग, महात्मा गांधी मार्ग, इलाहाबाद-211 001
36 ए, शेक्सपियर सरणी, कोलकाता-700 017

वेबसाइट : www.rajkamalprakashan.com
ई-मेल : info@rajkamalprakashan.com

मुद्रक

बी.के. ऑफसेट
नवीन शाहदरा, दिल्ली-110 032

BHARAT KI AANTARIK SURAKSHA
Chunautiyan aur samadhan
Defence Studies by Vivek Ojha

वैचारिक यात्रा को लगातार रोचक और सृजनात्मक बनाने में सहायक
पत्नी निधि विश्नोई और पुत्र अर्णव को समर्पित।

क्रम

प्राक्कथन

किसी भी राष्ट्रीय सरकार का यह प्राथमिक उद्देश्य होता है कि वह न केवल अपने नागरिकों की आवश्यकताओं को पूरा करे बल्कि उन्हें सुरक्षित परिवेश भी दे। हालाँकि यहाँ सुरक्षा की धारणा बेहद जटिल और बहुआयामी है क्योंकि इसका आशय केवल भौतिक सुरक्षा या बाह्य रूप में सुरक्षित सीमाओं से नहीं है, बल्कि सुरक्षा का आशय सुरक्षित होने की भावना से भी है। अत: सुरक्षा का आशय केवल सैन्य सुरक्षा ही नहीं बल्कि आर्थिक, सामाजिक और मनोवैज्ञानिक सुरक्षा से भी है। उल्लेखनीय है कि परंपरागत रूप में सुरक्षा का आशय बाह्य और सैन्य खतरों के रूप में ही रहा है। यह माना जाता रहा है कि एक देश को दूसरे देश से सुरक्षात्मक खतरे होते हैं और इसी अनुरूप सुरक्षा रणनीति भी निर्मित की जाती रही है। यही कारण है कि परंपरागत रूप में सुरक्षा के लिए सीमा प्रबंधन या अन्य महत्त्वपूर्ण देशों के साथ गठजोड़ के प्रयास किये जाते रहे। लेकिन 1990 के बाद सुरक्षा की इस धारणा में आमूल-चूल बदलाव आ चुके हैं। अब सुरक्षा की धारणा अधिक जटिल और बहुआयामी हो गयी है क्योंकि अब सुरक्षा के सामने गैर परंपरागत खतरे भी उपस्थित हो गए हैं। इसलिये सुरक्षा का आशय अब केवल बाह्य खतरों से ही नहीं बल्कि आंतरिक खतरों के रूप में भी लिया जाने लगा है। सुरक्षा के सामने परंपरागत खतरे बाह्य रूप में अन्य राज्यों के कारण उपस्थित होते थे जैसे, 1962 में भारत पर चीन का आक्रमण या 1965 में पाकिस्तान द्वारा आक्रमण लेकिन अब सुरक्षा के सामने बड़ा खतरा गैर-राज्यीय कर्ताओं द्वारा उत्पन्न हो रहे हैं। समस्या यह है कि इन गैर-राज्यीय कर्ताओं की पहचान और निगरानी मुश्किल होती है। साथ ही इनके द्वारा छद्म रूप में अपनी कार्यवाहियों का संचालन किया जाता है जैसे, आतंकी समूह, संगठित अपराध से जुड़े समूह, बहुराष्ट्रीय कंपनियों द्वारा आदि। यहाँ तक कि अनेक देश अपनी सेनाओं के जरिये प्रत्यक्ष युद्ध लड़ने के बजाय आतंकी समूहों के द्वारा दुश्मन देश या विरोधी देश में अस्थिरता उत्पन्न कर बढ़त बनाने की कोशिश करते हैं। दूसरी ओर जब से आईएसआईएस का उभार हुआ है, इस खतरे ने अलग ही रूप ले लिया क्योंकि एक आतंकी समूह अब छिपकर नहीं बल्कि भूक्षेत्र पर नियंत्रण स्थापित कर अपना प्रभाव बढ़ाने का प्रयास

कर रहा है। इसी प्रकार संगठित अपराध के कारण भी किसी देश की अर्थव्यवस्था कमजोर हो रही और मानव संसाधन की क्षमता प्रभावित हो रही है। इसके साथ ही अब सैन्य खतरों के साथ-साथ गैर सैन्य खतरे बढ़ गए हैं जैसे, साइबर हमले, आर्थिक मंदी, प्राकृतिक आपदाएँ, वैश्विक महामारियाँ आदि। सुरक्षा के सामने उपस्थित इन खतरों की पहचान तो मुश्किल है ही साथ ही इनकी विनाशकारी क्षमता अधिक होती है। इनके कारण धन-जन की हानि के साथ देश में व्यवस्थागत संकट भी उत्पन्न हो जाता है। 2019 में चीन से शुरू कोरोना महामारी को उदाहरण के रूप में देखा जा सकता है, जो एक देश से निकलकर पूरे विश्व में बड़ी आपदा के रूप में सामने आयी है। इससे न केवल लाखों की संख्या में लोगों की मृत्यु हुई बल्कि इसके आर्थिक दुष्परिणाम भी देखे गए। साथ ही सुरक्षा की धारणा अब बाह्य से अधिक आंतरिक हो गयी है। विश्व के अनेक देशों में नृजातीय संघर्ष के कारण गृह युद्ध देखे जा रहे हैं। अनेक देशों में अलगाववादी आंदोलन हो रहे हैं। यह अधिक जटिल समस्या इसलिये भी हो जाती है क्योंकि सुरक्षा के सामने खतरा अपने ही नागरिकों द्वारा उत्पन्न किया जाता है और उनके विरुद्ध की गई कठोर कार्यवाही आम जनता में सरकार के प्रति आक्रोश और असंतोष को बढ़ा सकती है। उदाहरण के लिए भारत जैसे देशों में नक्सलवाद, विप्लव जैसे आंतरिक सुरक्षा के खतरे अधिक भयावह हैं। हाल के दशकों में विश्व के विभिन्न हिस्सों में स्थानीय समूहों के मध्य संघर्ष भी बढ़े हैं, जिससे नस्लीय और साम्प्रदायिक हिंसा की घटनाएँ भी बढ़ी हैं। साथ ही बाहरी लोगों के खिलाफ भी स्थानीय लोगों में असहिष्णुता बढ़ी है। यह समस्याएँ देश की एकता को आंतरिक स्तर पर कमजोर कर सुरक्षा के सामने गम्भीर खतरा उत्पन्न करती हैं।

हाल के दशकों में भारत को अस्थिर करने के लिए एक गठजोड़ का भी विकास हुआ है, जहाँ आतंकवाद, नक्सलवाद, संगठित अपराध, इंसरजेंसी जैसे गतिविधियों में शामिल लोगों के बीच परस्पर सहयोग बढ़े हैं। साथ ही संयुक्त रूप में इनके द्वारा अपनी गतिविधियों का संचालन किया जा रहा है। पंजाब के खालिस्तान समर्थकों का पाकिस्तान में मजबूत आधार होना या नक्सलियों का हथियारों और मादक पदार्थों के अवैध व्यापार में शामिल होना इसके साक्ष्य हैं। अतः सुरक्षा की धारणा परंपरागत रूप में जहाँ अधिक आक्रामक थी, वहीं वर्तमान में इसे डिटरेन्स के रूप में अधिक प्रभावी बनाने का प्रयास किया जाता है। आज कोई भी देश युद्ध नहीं चाहता लेकिन अपने रक्षा प्रणाली को इस रूप में दिखाना चाहता है, जिससे अन्य देशों में एक मनोवैज्ञानिक भय बना रहे। सुरक्षा प्रणाली को अभेद्य बनाना और सुरक्षा खतरों का सटीक अनुमान कर पाना अब अधिक आवश्यक हो गया है।

वर्तमान विश्व में दो देशों के मध्य सैन्य युद्ध के स्थान पर व्यापारिक युद्ध की

स्थिति अधिक देखी जा रही है। साथ ही सामरिक क्षेत्रों पर नियंत्रण के अप्रत्यक्ष तरीके अपनाए जा रहे हैं जैसे, चीन द्वारा अन्य देशों को ऋण जाल में फँसाकर उन्हें अप्रत्यक्ष रूप में अपने उपनिवेश के रूप में देखा जा रहा है। इसके कारण विभिन्न देशों की आर्थिक सम्प्रभुता पर खतरा उत्पन्न हो रहा है। साथ ही एक देश के संसाधन पर अन्य देशों द्वारा दोहन करने के लिए प्रयास किये जा रहे हैं। इन सब स्थितियों के मध्य आंतरिक सुरक्षा प्रबंधन भारत जैसे कई देशों के लिए एक गंभीर दायित्व बन गया है।

आभार

कोई भी पुस्तक विचारों, तथ्यों और विश्लेषणों की एक यात्रा होती है। जेएनयू की ज्ञान परंपरा ने वहाँ अंतर्राष्ट्रीय संबंध के एक विद्यार्थी के रूप में मेरी वैश्विक राजनीति की विचार यात्रा को शुरू किया जो सिविल सेवा साक्षात्कार तक कब पहुँच गई, पता ही नहीं चला। इसके उपरांत अंतर्राष्ट्रीय संबंध के अध्यापन ने इस विषय के लिए बौद्धिक भूख को बढ़ा दिया और हिंदी भाषी उम्मीदवारों के लिए बेहतर प्रासंगिक विषय सामग्री के अभाव को महसूस करते हुए इस पुस्तक को लिखने की प्रेरणा मिली। सबसे पहले मैं अपने पितामह डॉक्टर आर.ए. ओझा और अपने अभिवावक डॉक्टर जे.बी. ओझा, सीमा ओझा द्वारा प्रदान की गई बौद्धिक आनुवंशिकी का आभारी हूँ जिन्होंने मुझे एक राष्ट्रीय और वैश्विक सोच दी। मैं अपने अनुजों विनीत अनुराग, विमल अनुराग और साथ ही अंजलि विनीत तिवारी के प्रति आभार व्यक्त करता हूँ।

मैं श्री नृपेन्द्र विश्नोई और श्रीमती नीलम विश्नोई के लिए विशेष आभार प्रकट करता हूँ जिन्होंने लेखन के क्षेत्र में बेहतर करने के लिए प्रेरित किया। मैं अपनी पत्नी निधि विश्नोई (समीक्षा अधिकारी, उत्तराखंड सचिवालय) और अपने पुत्र अर्णव का आभारी हूँ कि इन्होंने मेरी व्यस्तताओं को सहर्ष स्वीकार कर अनवरत अपने मन के अनुसार लिखने और सृजनशील बने रहने के लिए अभिप्रेरित किया। बड़े भाई शरद विश्नोई, अमित विश्नोई के साथ ही श्रीमती श्रुति एवं नेहा विश्नोई ने पुस्तक लेखन हेतु प्रेरित करने में कोई कमी नहीं छोड़ी।

मैं तिलकधारी सिंह महाविद्यालय के अपनी शैक्षणिक समझ की नींव रखने वाली शिक्षिकाओं श्रीमती चंद्रलेखा सिंह, श्रीमती शशि सिंह और शिक्षक श्री महेन्द्र सिंह के साथ ही जेएनयू के अपने शिक्षकों श्री ओ.पी. बख्शी, सविता पांडेय मैम और वरुण साहनी सर का आभारी हूँ।

इस पुस्तक को लिखने में महत्त्वपूर्ण लोग वैचारिक संबल का काम करते रहे हैं जिनमें शामिल हैं : श्री विनय सिंह सर (निदेशक, ध्येय आईएएस), क्यू. एच. खान (प्रबंध निदेशक, ध्येय आईएएस), श्री आशुतोष राणा, श्री केवल खुराना (डीआईजी, यातायात, उत्तराखंड सरकार), श्री राम कुमार सिंह,

श्री सी.बी.पी. श्रीवास्तव सर, अंजुम शर्मा, प्रणव सिरोही और कन्हैया झा। मैं श्री भबानी दीक्षित सर (मैनेजिंग एडिटर, वर्ल्ड फोकस) और श्री मुकेश भरद्वाज (एग्जीक्यूटिव एडिटर, जनसत्ता) के प्रति आभार व्यक्त करता हूँ जिन्होंने विश्व राजनीति एवं आंतरिक सुरक्षा के मुद्दों पर सदैव मुझे प्रोत्साहित किया।

मित्रों में पंकज मिश्रा (यूके सचिवालय), शिव नारायण और अरुण मिश्रा, उत्तम सिंह (प्राध्यापक), विनय घिल्डियाल की प्रेरणाओं का बड़ा हाथ रहा। जेएनयू के सीनियर्स अक्षय सिंह, विवेक मिश्रा, अशोक शर्मा, मनोज कुमार और शांतेश सर के प्रति भी आभार प्रकट करता हूँ। अंत में यह पुस्तक मैं अपने सभी छात्र-छात्राओं के विचार जगत को सौंपता हूँ।

अध्याय 1

आंतरिक सुरक्षा : अर्थ, प्रकृति और आयाम

भारत में आंतरिक सुरक्षा प्रबंध के औचित्य की बात करें तो यह स्पष्ट होता है कि भारत की विविधतामूलक प्रकृति के चलते आंतरिक सुरक्षा की पर्याप्त व्यवस्था आवश्यक हो जाती है। भारत एक बहुधार्मिक, बहुभाषाई, जनजातीय और नृजातीय विविधताओं से युक्त देश है और इसकी बहुसांस्कृतिक प्रकृति अक्सर कई प्रकार के खतरे भी उत्पन्न करने के लिए जिम्मेदार रही है। यद्यपि भारत की विविधता को उसकी एकता का उपकरण बनाकर राष्ट्रीय एकता, राष्ट्रीय हित और राष्ट्रवाद के लक्ष्यों की प्राप्ति की जा सकती है और इसके प्रयास भी किए गए हैं लेकिन कुछ असामाजिक, भारत विरोधी और व्यवस्था विरोधी तत्वों के द्वारा देश की आंतरिक सुरक्षा के समक्ष खतरे उत्पन्न किए जाते रहे हैं। आंतरिक सुरक्षा अवधारणा को समझने के लिए कुछ महत्त्वपूर्ण संकल्पनाओं के बारे में जानना आवश्यक है जैसे सुरक्षा अथवा सिक्योरिटी, निरापद होना यानि सेफ्टी और प्रतिरक्षा यानि डिफेंस।

सिक्योरिटी

व्यक्तियों, संगठनों और परिसंपत्तियों पर जानबूझकर और सुनियोजित अथवा पूर्व नियोजित तरीके से उत्पन्न किए गए खतरे और हिंसक गतिविधियों से बचाव या सुरक्षित होने को सुरक्षा के रूप में परिभाषित किया जाता है। सुरक्षा की विशेष बात यह है कि इसमें बाह्य खतरों से बचने का प्रयास किया जाता है। उदाहरण के लिए उग्रवादियों, विप्लवकारियों, आतंकवादियों, तस्करों, नक्सलियों, माओवादियों आदि से सुरक्षित होना। सिक्योरिटी या सुरक्षा शब्द से आशय आपराधिक गतिविधियों और बाह्य खतरों से किसी भी देश की सीमा के अंदर रहने वाले व्यक्तियों, संगठनों और परिसंपत्तियों को सुरक्षा अथवा संरक्षण प्रदान करने से है। यह जानबूझकर किए गए खतरों से बचाव है। इसके तहत हिंसक गतिविधियों से बचने का प्रयास किया जाता है। उदाहरण के लिए किसी नक्सली या माओवादी द्वारा निर्दोष व्यक्तियों

की हत्या की जाती है, सरकारी चिकित्सालय, शिक्षण संस्थानों, पुलिस चौकियों, पुलिस कैंप आदि पर हमला किया जाता है और परिसंपत्तियों को नष्ट भी किया जाता हैं और सार्वजनिक संपत्ति को नुकसान पहुँचाया जाता है।

आंतरिक सुरक्षा की जिम्मेदारी देश के गृह मंत्रालय को सौंपी गई है जो अपने आंतरिक सुरक्षा प्रभाग-1 और आंतरिक सुरक्षा प्रभाग-2 के जरिए इस दायित्व का निर्वहन करता है।

सेफ्टी या निरापद होना

सेफ्टी या निरापद होने से आशय है कि किसी आकस्मिक या अवांछनीय घटना से स्वयं को सुरक्षित करना अथवा स्वयं को क्षति पहुँचाने वाले कारकों से स्वयं को सुरक्षित करना। सेफ्टी किसी आकस्मिक खतरे के खिलाफ संरक्षण को दर्शाता है। ऐसे खतरे जानबूझकर उत्पन्न नहीं किए जाते। दूसरे शब्दों में यह पूर्व नियोजित अथवा सुनियोजित नहीं होते बल्कि अचानक से घटित होकर व्यक्ति को असुरक्षित स्थिति में डाल देते हैं। उदाहरण के लिए सड़क दुर्घटना, बाढ़ में लोगों की मृत्यु और उनकी संपत्तियों को क्षति, भवनों का धराशाई हो जाना और इसके चलते जान-माल की क्षति, सड़क, ट्रेन अथवा हवाई दुर्घटना। इसमें आकस्मिक दुर्घटनाओं, क्षतियों, घटनाओं से बचने की धारणा शामिल है। यह प्राथमिक रूप से मानव जीवन और स्वास्थ्य के संरक्षण से जुड़ी धारणा है। जब भी किसी के सेफ्टी की बात की जाती है, तब उसमें शारीरिक चोट अथवा क्षतियों से बचने का भाव शामिल रहता है। सेफ्टी सापेक्षिक रूप से एक अधिक भावनात्मक धारणा है। एक बच्चा अपनी माँ की गोद में अधिक सुरक्षित महसूस करता है। उसे किसी हथियार या उपकरण की जरूरत नहीं होती लेकिन जब किसी के सेक्योर होने की बात की जाती है तब हथियार के होने पर बल दिया जाता है। एक व्यक्ति विभिन्न बाह्य खतरों, हिंसक गतिविधियों से तब सुरक्षित महसूस करता है जब उसके पास कोई बंदूक हो। सिक्योरिटी गार्ड के पास बंदूकों की मौजूदगी सेक्योरिटी की स्थिति को दर्शाती है। पुलिस कर्मी, सुरक्षा बल, अर्ध सैनिक बलों के जवान तब अधिक सुरक्षित महसूस करते हैं जब उनके पास अत्याधुनिक, उन्नत हथियार, गोले, बारूद और विस्फोटक सामग्री हो। जब उनके पास बारूदी सुरंगों की पहचान कर पाने वाले उपकरण हों।

प्रतिरक्षा या डिफेंस

किसी देश की प्रादेशिक अखंडता संप्रभुता की सुरक्षा के लिए बाहरी खतरों जैसे युद्ध, बाहरी आक्रमण, सशस्त्र विद्रोह, बाह्य आपराधिक षड्यंत्र, बाहरी शक्तियों

द्वारा जासूसी कार्य आदि से सुरक्षित करने के प्रयास को प्रतिरक्षा के रूप में देखा जाता है। अंतर्राष्ट्रीय सीमाओं की सुरक्षा, सीमा पार तस्करी, सीमा पारीय जाली मुद्रा का अवैध कारोबार आदि से निपटने के लिए सुरक्षा बलों, सशस्त्र बलों की तैनाती की जाती है। देश का प्रतिरक्षा मंत्रालय विभिन्न सुरक्षा अभिकरणों के साथ मिलकर देश के प्रतिरक्षा तंत्र और बाह्य सुरक्षा को मजबूती देने का कार्य करता है।

आंतरिक सुरक्षा की विशेषताएँ

—कानून और व्यवस्था को बनाए रखने के लिए पूरे देश में विधि के शासन को मजबूती देना और विधि प्रवर्तनकारी निकायों को सुरक्षा व्यवस्था के लिए सक्रिय करना।

—भारतीय संविधान की लोक कल्याणकारी राज्य की प्रकृति को देखते हुए अनुच्छेद 14 में की गई व्यवस्था कानून के समान संरक्षण को मजबूती देना।

—देश में शांतिपूर्ण सह अस्तित्व और सांप्रदायिक सौहार्द की भावना को बढ़ावा देना।

—भय मुक्त समाज और सामाजिक व्यवस्था के निर्माण में सहायक बनना। दूसरे शब्दों में क्षेत्रवाद, भाषावाद, संप्रदायवाद, जातिवाद और इसके हिंसक अभिव्यक्तियों से सामाजिक संतुलन की रक्षा करना।

—इसकी प्रादेशिक अखंडता और आंतरिक संप्रभुता की सुरक्षा को सुनिश्चित करना।

—नागरिकों और सार्वजनिक परिसंपत्तियों की सुरक्षा कर राष्ट्रीय हित और राष्ट्रीय विकास में योगदान देना।

भारत में आंतरिक सुरक्षा के समक्ष चुनौतियों के लिए जिम्मेदार कारक

—निर्धनता, बेरोजगारी, असमानता मूलक आर्थिक समृद्धि और पूँजी का संकेंद्रण।

—सांप्रदायिक वर्ग विभाजन, जातीय तनाव, भाषाई विवाद, क्षेत्रीयतावाद।

—उत्तर पूर्वी भारतीय राज्यों की नृजातीय प्रकृति और नृजातीय समुदायों के संघर्ष।

—दुर्बल आपराधिक न्यायिक प्रणाली।

—संकीर्ण अंतर्राष्ट्रीय सीमाएँ और पार राष्ट्रीय संगठित अपराध को बढ़ावा मिलना।

—भारतीय राज्यों की तट रेखाओं पर सुरक्षा का खतरा।

आंतरिक सुरक्षा की चुनौतियों की प्रकृति की बात करें तो इन्हें अलग-अलग श्रेणियों में वर्गीकृत किया जा सकता है जैसे :

—सीमा सुरक्षा संबंधी चुनौती जिसमें भारतीय भू क्षेत्र में अतिक्रमण, घुसपैठ, आतंकी गतिविधियाँ शामिल हैं। भारत के विभिन्न राज्यों में शृंखलाबद्ध बम विस्फोटों की घटनाएँ भारत के लिए लंबे समय तक चुनौती रही हैं। पिछले कुछ वर्षों से यह जम्मू और कश्मीर तक ही सीमित रहा है।

—वामपंथी उग्रवाद के तहत नक्सलवाद और माओवाद की चुनौती, जो मूलतः राज्य की सत्ता पर चोट करने पर केन्द्रित है। राज्य और सरकारी तंत्रों के प्रति अविश्वास और उग्र हिंसा के जरिए उन्हें नष्ट करने का प्रयास एक उग्र विचारधारा के तहत किया जाता है।

—नृजातीय संघर्ष और आंदोलन देश की आंतरिक सुरक्षा की प्रकृति और उसकी वस्तुस्थिति को स्पष्ट करते हैं। उत्तर पूर्वी भारतीय राज्यों में रहने वाली अलग-अलग नृजातीय समुदायों में अपनी पहचान, संस्कृति, सभ्यता, प्राकृतिक संसाधनों आदि मुद्दों पर उभरते विवाद राष्ट्र की आंतरिक सुरक्षा के समक्ष बड़ी चुनौती हैं।

—अलगाववाद और पृथकतावादी आंदोलन भी आंतरिक असुरक्षा की प्रकृति को दर्शाते हैं। भारतीय संघ की अखंडता पर चोट करते हुए उत्तर पूर्व के कुछ राज्यों द्वारा भारतीय संघ से पृथक होने के लिए चलाए जाने वाले आंदोलन भी देश की राष्ट्रीय और आंतरिक सुरक्षा के लिए खतरा हैं। वहीं भारतीय संविधान की मूल भावना यह है कि भारतीय संघ विनाशी राज्यों का अविनाशी संघ है। राज्यों के नाम, सीमा आदि में परिवर्तन किया जा सकता है लेकिन भारतीय संघ की अक्षुण्णता से समझौता नहीं किया जा सकता। लेकिन ग्रेटर नगालिम, बोडोलैंड, खालिस्तान, तिपरालैंड आदि की माँगों के जरिए हिंसा और असंतोष को बढ़ावा देने का कार्य किया गया है।

—पारराष्ट्रीय संगठित अपराध आंतरिक सुरक्षा की मजबूत प्रणाली की आवश्यकता को व्यक्त करते हैं। आज एक देश के अपराधी दूसरे देशों में भिन्न-भिन्न प्रकृति के अपराधों और आपराधिक षड्यंत्रों को बढ़ावा देने में लिप्त पाए जा रहे हैं। म्यांमार के नशीले पदार्थों की तस्करी वाले गिरोह उत्तर पूर्वी भारत में ड्रग ट्रैफिकिंग को बढ़ावा दे रहे हैं, इससे आतंक और विप्लवकारी गतिविधियों के फंडिंग को भी बढ़ावा मिलता है।

—सूचना और प्रौद्योगिकी और डिजिटल फोरमों के इस्तेमाल के जरिए भी आपराधिक गतिविधियों को संपन्न करने की प्रवृत्ति में वृद्धि देखी गई है। डार्क वेब या डीप वेब, साईबर अपराध और आतंकवाद, सोशल मीडिया का प्रयोग धार्मिक मतांधता के प्रसार के लिए करना जैसी घटनाएँ डिजिटल प्रौद्योगिकी और असामाजिक तत्वों के बीच अंतर्संपर्क को स्पष्ट करते हैं।

—गंभीर आर्थिक अपराधों और जालसाजी के जरिए भी आपराधिक गतिविधियों को बढ़ावा मिला है। ब्लैक मनी, मनी लॉन्ड्रिंग, हवाला कारोबार, जाली भारतीय मुद्रा का प्रसार, शेल कंपनियों और अपतटीय वित्तीय केंद्रों के जरिए अवैध वित्तीय लेन-देन की घटनाएँ बढ़ी हैं। आर्थिक अपराधियों के ऐसे अनेक मामले घटित हुए हैं जहाँ भारतीय न्यायालयों के न्याय क्षेत्र से भागने, आपराधिक मामलों के शुरुआत की प्रत्याशा अथवा मामले अथवा आपराधिक कार्यवाही को लंबित करने के दौरान आर्थिक अपराधी भाग निकला है। भारतीय न्यायालयों से ऐसे अपराधियों की अनुपस्थिति के कारण अनेक विषम परिस्थितियाँ उत्पन्न हुई हैं, जैसे प्रथमत: इससे आपराधिक मामलों में जाँच रुक-सी जाती है, दूसरे, इससे न्यायालयों का मूल्यवान समय बर्बाद होता है, तीसरे, इससे भारत में कानून के राज का अवमूल्यन होता है। इसके अलावा, आर्थिक अपराध के अधिकांश ऐसे मामलों में बैंक ऋणों की गैर-अदायगी शामिल होती है, जिससे भारत के बैंकिंग क्षेत्र की वित्तीय स्थिति बदतर हो जाती है। इस समस्या की गंभीरता से निपटने के लिए वर्तमान सिविल और आपराधिक कानूनी प्रावधान पूर्णत: पर्याप्त नहीं हैं। इसलिए ऐसी कार्यवाहियों की रोकथाम सुनिश्चित करने के लिए प्रभावी, तीव्रतम और संवैधानिक दृष्टि में मान्य प्रावधान किया जाना आवश्यक समझा गया है। यहाँ उल्लेखनीय है कि भ्रष्टाचार से संबंधित मामलों में गैर-दोषसिद्धि-आधारित संपत्ति के जब्त करने की प्रवृत्ति अपराध के प्रति यूनाइटेड नेशन्स कन्वेंशन (भारत द्वारा 2011 में मान्य) से अनुसमर्थित है।

गृह मंत्रालय के तहत आंतरिक सुरक्षा के दो प्रभाग

भारत सरकार के गृह मंत्रालय द्वारा देश में आंतरिक सुरक्षा प्रबंध को उचित दिशा देने के लिए वर्ष 2006 में आंतरिक सुरक्षा प्रभाग बनाया गया था। यह दो प्रभागों के जरिए इस कार्य को सम्पन्न करता है।

आंतरिक सुरक्षा प्रभाग-1 : यह प्रभाग विभिन्न गुटों / उग्रवादी संगठनों की राष्ट्रविरोधी तथा विध्वंसात्मक गतिविधियों तथा आंतरिक सुरक्षा तथा कानून एवं व्यवस्था, आतंकवाद संबंधी नीति एवं सामरिक मुद्दों, सुरक्षा-मंज़ूरियों, आईएसआई की गतिविधियों पर नज़र रखने संबंधी मुद्दों और सामासिक वार्ता प्रक्रिया के एक हिस्से के रूप में आतंकवाद पर एवं नशीले पदार्थों की तस्करी पर पाकिस्तान के साथ गृह सचिव स्तरीय वार्ताओं से जुड़े मामलों से संबंधित कार्य करता है। विधिविरुद्ध कार्यकलाप (निवारण) अधिनियम, 2012, राष्ट्रीय जाँच एजेंसी अधिनियम, 2008, विधिविरुद्ध कार्यकलाप (निवारण) अधिनियम, 1967, दण्ड विधि संशोधन अधिनियम, 1961, शासकीय गुप्त बात अधिनियम,

1923 जैसे कई अन्य कानूनों के जरिए आंतरिक सुरक्षा को दशा और दिशा प्रदान करता रहा है।

आंतरिक सुरक्षा प्रभाग-2 : यह प्रभाग आयुध अधिनियम 1959, आयुध नियम 1962, विस्फोटक पदार्थ अधिनियम 1908 और अन्य संबंधित मामलों; आपराधिक मामलों में पारस्परिक विधिक सहायता हेतु निवेदन पत्र, राष्ट्रीय सुरक्षा अधिनियम 1980 और इसके तहत अभ्यावेदन, स्वापक नियंत्रण ब्यूरो के प्रशासन, आतंकवादी/साम्प्रदायिक एवं नक्सली हिंसा के पीड़ितों को केंद्रीय सहायता प्रदान करने, संसद सदस्यों के विशेषाधिकारों के उल्लंघन आदि के मामलों से संबंधित कार्य करता है।

केंद्रीय गृह मंत्रालय ने जनवरी, 2020 में आंतरिक सुरक्षा प्रभाग (इंटरनल सिक्योरिटी डिवीजन) के दो प्रभागों का विलय कर उन्हें एक में बदल दिया। आंतरिक सुरक्षा प्रभाग का पुनर्गठन करने के साथ ही तत्काल प्रभाव से संयुक्त सचिव स्तर के अधिकारी को इसके काम की जिम्मेदारी सौंप दी गई है। आंतरिक सुरक्षा-2 (आईएस-2) प्रभाग को आंतरिक सुरक्षा-1 (आईएस-1) के साथ मिला दिया गया है और अब इसका नाम आंतरिक सुरक्षा (आईएस) प्रभाग होगा।

अध्याय 2

आतंकवाद : अर्थ, स्वरूप, आयाम

आतंकी कृत्यों के माध्यम से राज्य और कानून व्यवस्था के समक्ष चुनौती उत्पन्न करने की प्रवृत्ति नई नहीं है। मध्यकालीन वैश्विक और भारतीय व्यवस्था को देखें तो आतंकी क्रियाकलाप के कई उदाहरण स्पष्ट रूप से नजर आते हैं। आतंकवाद शब्द की उत्पत्ति वर्ष 1793-94 के मध्य फ्रांस में प्रचलित आतंक के शासन से हुई थी। हालाँकि यह शब्द द्वितीय विश्व युद्ध के बाद अधिक लोकप्रिय हुआ, जब यहूदी इरगन के द्वारा जुलाई, 1946 में जेरुसलम के किंग डेविड होटल पर घातक हमला किया गया था। इसके साथ ही इज़रायल, फिलिस्तीन, साइप्रस, अल्जीरिया, मध्य पूर्व के देशों में भिन्न-भिन्न उद्देश्यों के लिए आतंकी हिंसक गतिविधियों को अपनाने में वृद्धि देखी गई। 1950 के दशक के उत्तरार्द्ध में वामपंथी उग्रवाद के उभार ने भी आतंकवाद के एक विशेष स्वरूप को अभिव्यक्ति दी। भारत में नक्सली और माओवादी संगठनों, पश्चिम जर्मनी में रेड आर्मी गुट, जापान में रेड आर्मी गुट, संयुक्त राज्य अमेरिका में विदरमेन और ब्लैक पैन्थर्स, उरुग्वे के तूपामारोस और अन्य कई वामपंथी उग्रवादी दल विश्व के भिन्न-भिन्न भागों में 1960 के दशक के दौरान उत्पन्न हुए थे।

आतंकवाद की परिभाषा

आतंकवाद की कोई सर्वमान्य परिभाषा नहीं दी जा सकती है क्योंकि प्राय: एक देश के लिए जिन्हें आतंकवादी कहा जाता है, उन्हें दूसरे देश के लोग अपने स्वतंत्रता सेनानी के रूप में देखते हैं। हालाँकि सामान्य अर्थों में इसे हिंसा और आतंक पर आधारित विचारधारा के रूप में देखा जा सकता है, जिसका उद्देश्य हिंसात्मक साधनों के माध्यम से आम लोगों में भय का परिवेश निर्मित कर राज्य की नीतियों को प्रभावित करना होता है। आतंकवाद एक विचारधारा है जो आतंक और हिंसा के प्रसार के जरिए एक राजनीतिक उद्देश्य की प्राप्ति के लिए आम जनता का

भयादोलन करती है। यह जनता में भय उत्पन्न करने के लिए जानबूझकर हिंसक साधनों के अपनाने पर जोर देती है। यह राजनीतिक उद्‌देश्य, वैचारिक, प्रजातीय, नृजातीय, धार्मिक अथवा राजनीतिक आधारों से प्रेरित हो सकता है। यह एक ऐसी आपराधिक गतिविधि है जो जानबूझकर आम नागरिकों के भौतिक अस्तित्व और उनकी संपत्ति को निशाना बनाती है जिससे भय और आतंक को समाज में मजबूती से फैलाया जा सके। यह सरकार और नागरिकों दोनों के खिलाफ है। 1994 में अंतर्राष्ट्रीय आतंकवाद के उन्मूलन के लिए किए जाने वाले प्रयासों संबंधी उद्घोषणा में भी इसी प्रकार की परिभाषा दी गई है। इसके साथ-साथ वर्ष 2004 में संयुक्त राष्ट्र सुरक्षा परिषद के प्रस्ताव संख्या 1566 में भी आतंकवाद की परिभाषा में उन्हीं तत्वों को शामिल किया गया है। भारत के पहले आतंकरोधी कानून टाडा में भी आतंकवाद को परिभाषित करते हुए इन्हीं तत्वों को शामिल किया गया है। इसमें कहा गया है कि जो कोई भी कानून द्वारा स्थापित सरकार को डराने की मंशा से अथवा जनता के किसी वर्ग में भय पैदा करने, सौहार्द को खत्म करने, बम, डायनामाइट अथवा अन्य विस्फोटक सामग्री या ज्वलनशील सामग्री, घातक हथियारों या जहरीली गैसों और रसायनों का प्रयोग करके इस तरह से कोई कार्यवाही करता है जिससे जान और माल को नुकसान पहुँचे तो उसे आतंकी कृत्य के रूप में देखा जा सकता है।

आतंकवाद को चार मूल बिंदु के माध्यम से स्पष्ट किया जा सकता है—

पहला, आम जनता के खिलाफ सख्त कार्यवाही।

दूसरा, आम जनता के भौतिक अस्तित्व को खतरा।

तीसरा, आम जनता की सुरक्षा को क्षति।

चौथा, राष्ट्र की परिसंपत्ति को क्षति पहुँचाना।

सर्वप्रथम आतंकवाद शब्द का प्रयोग 1931 में ब्रुसेल्स में आयोजित दंड विधान के तृतीय सम्मेलन में किया गया था। इसमें कहा गया कि जीवन, भौतिक अखण्डता, मानवीय स्वास्थ्य को हानि पहुँचाने वाला अथवा व्यापक स्तर पर धन सम्पत्ति को नुकसान करने वाला कार्य जिससे कि भय एवं आतंक का वातावरण उत्पन्न हो सके, आतंकवाद कहलाता है।

आतंकवाद के स्वरूप

आतंकवाद की सर्वमान्य परिभाषा न होने के कारण इसे अलग-अलग रूपों में वर्गीकृत कर समझना आवश्यक हो जाता है। इस संदर्भ में आतंकवाद की प्रकृति और प्रेरक तत्वों के आधार पर इसे निम्नलिखित रूपों में वर्गीकृत किया जा सकता है—

1. नृजातीय पहचान से प्रेरित आतंकवाद
2. धार्मिक आतंकवाद
3. विचारधारा उन्मुख आतंकवाद
4. राज्य प्रायोजित आतंकवाद
5. नार्को आतंकवाद
6. जैव आतंकवाद
7. रासायनिक आतंकवाद

नृजातीय पहचान से प्रेरित आतंकवाद

नृजातीयता का भाव साझे सांस्कृतिक विशिष्टता के आधार पर नृजातीय समूहों में अन्य समूहों से अलगाव की भावना उत्पन्न करता है जो द्वितीय विश्व युद्ध के बाद आतंकी घटनाओं को प्रेरित करने वाला महत्त्वपूर्ण कारक बनकर उभरा। इनके द्वारा की जाने वाली आतंकी घटनाएँ या तो पृथक राज्य के सृजन या अपनी उच्चता स्थापित करने के लिए की जाती हैं। जैसे श्रीलंका में लिट्टे के नेतृत्व में तमिल समूहों द्वारा एक पृथक तमिल ईलम की माँग के आधार पर संचालित आतंकी गतिविधियाँ। इसके अतिरिक्त रूस में चेचेन, म्यांमार में काचिन और अराकान आर्मी वाले और उत्तर पूर्वी भारत के कुछ नृजातीय समुदायों जैसे नगा और मिजो द्वारा भी आतंकी गतिविधियों का सहारा अपने विशिष्ट उद्देश्यों की प्राप्ति के लिए लिया गया है।

धार्मिक आतंकवाद

समकालीन विश्व में आतंकवाद का सर्वाधिक लोकप्रिय रूप धर्म प्रेरित आतंकवाद ही है। इसके समर्थक आतंकी हिंसा को धार्मिक आदेश या कर्तव्य के रूप में देखते हैं। यहाँ धर्म इनके द्वारा किए गए हिंसक घटनाओं को वैचारिक स्तर पर वैधता देने का कार्य करता है। धार्मिक कट्टरता, रूढ़िवादिता और चरमपंथी विचारों को बढ़ावा देते हुए जेहाद (तथाकथित पवित्र धार्मिक युद्ध) के नाम पर आतंकी गतिविधियों को उचित ठहराया जाना धार्मिक आतंकवाद कहलाता है। इसके तहत इस्लाम खतरे में हैं और उसके शुद्धिकरण की आवश्यकता है, जैसे विचार देकर इस्लामिक साम्राज्य की स्थापना और उसकी प्रतिष्ठा स्थापित करने पर आतंकी समूहों द्वारा जोर दिया जाता है। इसके साथ ही इस्लामोफोबिया जैसी धारणा को मजबूती देने की कोशिश की जाती है। अल कायदा, लश्कर ए तैयबा, बोको हराम, अल शबाब, आईएसआईएस जैसे आतंकवादी संगठन धार्मिक आतंकवाद को इन्हीं मान्यताओं के आधार पर बढ़ावा देते हैं। मोरक्को, अल्जीरिया और फिलीपींस जैसे

देशों में इसी आधार इस्लामिक गौरव की पुनर्बहाली के नाम पर सलाफी जेहाद को बढ़ावा दिया जाता है।

विचारधारा उन्मुख आतंकवाद

आतंकवाद और हिंसक गतिविधियों को प्राय: अनेक विचारधाराएँ भी प्रेरित करती हैं जिसे मुख्यत: वामपंथी और दक्षिणपंथी आतंकवाद के रूप में वर्गीकृत किया जा सकता है। वामपंथी आतंकवाद शासक अभिजन वर्ग के विरुद्ध शोषित वर्गों द्वारा संचालित किया जाता है। इसके तहत हिंसात्मक साधनों से व्यवस्था में क्रांतिकारी बदलाव का लक्ष्य रखा जाता है। वामपंथी आतंकवाद के कुछ उदाहरण पेरू के शाइनिंग पाथ, जर्मनी के रेड आर्मी फैक्शन तथा इटली के रेड बिग्रेड के रूप में है। वहीं दक्षिणपंथी आतंकवाद का लक्ष्य या तो व्यवस्था में यथास्थिति को बनाये रखना या अतीत की किन्हीं परिस्थितियों को पुन: वापस लाने का प्रयास होता है। इसे अमेरिका के कुकलेक्स क्लान, डेनमार्क के ग्रीन जैकेट के रूप में देखा जा सकता है।

राज्य प्रायोजित आतंकवाद

अनेक देश आतंकवाद को अपनी विदेश नीति के एक उपकरण के रूप में भी देखते हैं। इसके तहत विरोधी देश को कमजोर या पराजित करने के लिए प्रत्यक्ष युद्ध के स्थान पर छद्म युद्ध को बढ़ावा दिया जाता है। 1980 के दशक से पाकिस्तान ने भारत के खिलाफ राज्य प्रायोजित आतंकवाद को बढ़ावा दिया और इस कार्य में आइ एस आई और अपनी सेना को भी संलग्न किया। आतंक के वित्त पोषण के लिए पाकिस्तान द्वारा सरकारी स्तर पर उपाय किए गए हैं।

नार्को आतंकवाद

नार्को आतंकवाद की धारणा को 1983 में पेरू के राष्ट्रपति बेलांदे टेरी ने प्रस्तुत किया था। इससे उनका अभिप्राय उन आतंकवादियों से था जो देश के ड्रग प्रवर्तनकारी पुलिस के खिलाफ हमले करते थे। ड्रग अपराधी जब अपने उद्देश्यों की प्राप्ति के लिए हिंसक गतिविधियों का सहारा लेते हैं और देश की राजनीति को प्रभावित करने के लिए हिंसक मार्ग अपनाते हैं तो उसे पेरू में नार्को आतंकवाद माना गया। नार्को आतंकवाद को कई रूपों में अभिव्यक्त किया जाता है जैसे ड्रग्स के अवैधानिक इस्तेमाल के लिए ड्रग्स के उत्पादन में वृद्धि करना, ड्रग्स का दुरुपयोग, ड्रग्स आधारित गंभीर अपराध, विधि के शासन के समक्ष खतरे पैदा करना, लोक

सुरक्षा व लोक स्वास्थ्य पर खतरे उत्पन्न करना, मनी लॉन्ड्रिंग और घुसपैठ आदि।

कोलंबिया, पेरू और बोलीविया मिलकर एक अन्य नार्कोटिक बेल्ट का निर्माण करते हैं। नशीले पदार्थों की अवैध तस्करी वाले इस क्षेत्र को सिल्वर ट्रायंगल के नाम से जाना जाता है जो दुनिया में अवैध कोकीन उत्पादन और उसकी तस्करी के लिए जाने जाते हैं। ब्राजील की सीमा पेरू और कोलंबिया से लगती है और ब्राजील पूरे यूरोप को कोकीन के सबसे बड़े आपूर्तिकर्ताओं में से एक है और ट्रांसअटलांटिक ड्रग्स व्यापार में अपनी भूमिका निभा रहा है। उसके साथ ही मैक्सिको और बोलीविया भी ड्रग तस्करी के लिए विशेष रूप से जाने जाते हैं।

नशीले पदार्थों अथवा मादक पदार्थों की तस्करी के जरिए प्राप्त पूँजी को आतंकी गतिविधियों में लगाना या आतंक का वित्तपोषण करना नार्को आतंकवाद कहलाता है। भारत के पड़ोस में स्थित नार्कोटिक बेल्ट स्वर्णिम चंद्र (पाकिस्तान, अफ़ग़ानिस्तान और ईरान) के मार्ग से नशीले पदार्थों की तस्करी विशेषकर जम्मू कश्मीर, गुजरात, राजस्थान और पंजाब में होती रही है। अफ़ग़ानिस्तान विश्व का सबसे बड़ा अफ़ीम उत्पादक देश है और इसके हेलमंड प्रांत में दुनिया का 95 प्रतिशत अफ़ीम उत्पादित किया जाता है। अफ़ग़ानिस्तान से नशीले पदार्थों की तस्करी पाकिस्तान के रास्ते से जम्मू-कश्मीर में होती रही है और जम्मू कश्मीर से इसे पंजाब में भेजा जाता रहा है और फिर यहाँ से शेष भारत में। भारत के इंटेलिजेंस ब्यूरो के अनुसार कश्मीरी आतंकवादियों और पंजाब में ड्रग ट्रैफिकिंग और नशीले पदार्थों की तस्करी करने वालों के बीच मजबूत लिंक है।

इसके अतिरिक्त स्वर्णिम त्रिभुज यानि गोल्डन ट्रायंगल भी एक प्रमुख नार्कोटिक बेल्ट के रूप में नशीले पदार्थों की तस्करी के हॉटस्पॉट के रूप में जाना जाता है। इसमें तीन दक्षिण पूर्वी एशियाई देश थाईलैंड, म्यांमार और लाओस शामिल हैं। चूँकि भारत के उत्तर पूर्वी राज्यों की सीमा म्यांमार से लगती है, अत: म्यांमार के रास्ते उत्तर पूर्वी भारतीय राज्यों विशेषकर मणिपुर और मिज़ोरम आदि में नशीले पदार्थों की तस्करी बड़े पैमाने पर होती है और इसके चलते अलगाववादी अथवा पृथकतावादी आंदोलनों और इंसरजेंसी फंडिंग (विप्लव या बगावत के वित्त पोषण) में मदद मिलती है। उत्तर पूर्वी राज्यों में म्यांमार से पार्टी ड्रग्स की खरीद-फरोख्त के जरिए युवाओं को नशीले पदार्थों के दुर्व्यसन में लिप्त करने का संगठित प्रयास और अपराध किया गया है।

जैव आतंकवाद

जैविक आक्रमण या जैव आतंकवाद हिंसा, भय और आतंक फैलाने का तरीका है जिसमें विभिन्न प्रकार के विषाणुओं, जीवाणुओं और कीटाणुओं के जरिए आम

नागरिकों, पशुओं और फसलों आदि को निशाना बनाया जाता है। जैव आतंकवाद के तहत जानबूझकर जीवाणु और विषाणु के जरिए एक बड़ी आबादी को क्षति पहुँचाने की कोशिश की जाती है। अमेरिका में 2001 में एक लिफाफे में एंथ्रेक्स फैलाने वाले जीवाणु को डालकर एंथ्रेक्स फैलाया गया था जिससे न केवल 22 लोग बीमार हो गए बल्कि 5 लोगों की मृत्यु भी हो गई थी।

बैसिलस एंथ्रेसिस नामक बैक्टीरिया का प्रयोग जैविक हमले के लिए किया जाता है जैसा अमेरिका में एंथ्रेक्स फैलाने में हुआ था। एंथ्रेक्स के बीजाणु प्रकृति में आसानी से पाए जाते हैं और इन्हें प्रयोगशाला में भी उत्पादित किया जा सकता है। एंथ्रेक्स के माइक्रोस्कोपिक बीजाणुओं को पाउडर, स्प्रेज, खाद्य पदार्थ और जल में डाला जा सकता है। वर्ष 2001 में पाउडर के रूप में एंथ्रेक्स को अमेरिका के पोस्टल सिस्टम के जरिए लिफाफों में पत्र के साथ भर कर भेजा गया था और 12 अमेरिकी डाक कर्मचारियों को एंथ्रेक्स हो गया था।

आधुनिक युग में जैविक हथियारों का पहली बार प्रयोग जर्मन सैनिकों द्वारा प्रथम विश्व युद्ध (1914-18) में एंथ्रेक्स तथा ग्लैंडर्स के जीवाणुओं द्वारा किया गया था। जापान-चीन युद्ध (1937-1945) तथा द्वितीय विश्व युद्ध (1939-1945) में शाही जापानी सेना की विशिष्ट शोध इकाई ने चीनी नागरिकों तथा सैनिकों पर जैविक हथियारों के प्रयोग किये जो बहुत प्रभावशाली नहीं सिद्ध हो पाए परंतु नवीन अनुमानों के अनुसार, लगभग 6,00,000 आम नागरिक प्लेग संक्रमित खाद्य पदार्थों के प्रयोग से प्लेग तथा हैजा बीमारी से पीड़ित हुए थे।

उल्लेखनीय है कि कीटाणुओं, विषाणुओं अथवा फफूँद जैसे संक्रमणकारी तत्वों जिन्हें जैविक हथियार कहा जाता है, का युद्ध में नरसंहार के लिये इस्तेमाल किया जा सकता है। जैव आतंकवाद के वाहक के रूप में तकरीबन 200 प्रकार के बैक्टीरिया, वायरस, फंगस पर्यावरण में मौजूद हैं। एंथ्रेक्स, प्लेग, बोटूलिज्म, टूलेरीमिया, ग्लैन्डर जैसे खतरनाक जीव इसमें शामिल हैं। कई वाहक पाउडर के रूप में होते हैं। इन्हें आसानी से पानी या हवा में छोड़ा जा सकता है या किसी के भोजन में मिलाया जा सकता है। ये 24 घंटे के अंदर प्राणी और अन्य जीवों की जान ले सकते हैं।

रासायनिक आतंकवाद

जहरीले रसायनों का जानबूझकर प्रयोग कर बड़ी संख्या में नागरिकों की हत्या करने का प्रयास रासायनिक आतंकवाद कहलाता है। इसके जरिए नागरिकों के साथ ही पशुओं को भी निशाना बनाया जा सकता है। इसमें ऐसे विषाक्त वाष्प, एरोसॉल, तरल या ठोस तत्वों का इस्तेमाल किया जाता है जो विनाशक प्रभाव

उत्पन्न कर सकें। इन्हें बॉम्ब के जरिए छोड़ा जा सकता है, एयरक्राफ्ट, नावों और वाहनों के जरिए इनका छिड़काव किया जा सकता है अथवा लोगों और पर्यावरण पर जोखिम उत्पन्न करने के लिए तरल पदार्थ के रूप में इसका इस्तेमाल किया जा सकता है। रासायनिक आतंकवाद में जिन रासायनिक तत्वों का इस्तेमाल किया जा सकता है, उसमें शामिल हैं—

मानव के फेफड़ों को नष्ट करने वाले एजेंट जैसे क्लोरीन और सायनाइड।

—मानव शरीर में फफोले (ब्लिस्टर एजेंट) उत्पन्न करने वाले एजेंट जैसे मस्टर्ड गैस, सल्फर और सल्फर मस्टर्ड।

—नर्व एजेंट जैसे जीडी (सोमान), जीबी (सरीन गैस), जीए (टेबन), जीएफ और वीएक्स और कुछ अन्य कीटनाशक।

ब्लड एजेंट्स जैसे आर्साइन, ऑक्सिन जिन्हें अमेरिका और वियतनाम के युद्ध में प्रयोग में लाया गया था।

आतंकवाद का कारण

शक्ति राजनीति

शीत युद्ध के दौर में अमेरिका और सोवियत संघ के मध्य विश्व के अनेक क्षेत्रों पर नियंत्रण स्थापित करने के लिए संघर्ष हो रहा था। इसी पृष्ठभूमि में 1979 में सोवियत संघ द्वारा अफ़ग़ानिस्तान में किये गए सैन्य हस्तक्षेप के विरोध में अमेरिका ने अफ़ग़ानिस्तान के विद्रोही गुटों (मुजाहिद्दीन) को सोवियत सेना के विरुद्ध वित्तीय और सैन्य सहायता दी। सोवियत संघ की सेना तो अफ़ग़ानिस्तान से वापस लौट गई, लेकिन अमेरिका से मिले हथियारों का प्रयोग आगे चलकर अफ़ग़ानिस्तान में उभरने वाले आतंकी समूहों ने किया जिसमें सर्वाधिक प्रमुख 1989 में गठित अलकायदा था। उल्लेखनीय है इसी संगठन की संलिप्तता 1995 में अमेरिका के वर्ल्ड ट्रेड सेंटर और 2001 में पेंटागन और वर्ल्ड ट्रेड सेंटर पर हुए आतंकी हमलों में थी।

अमेरिका ने 2001 के हमले की प्रतिक्रिया में अफ़ग़ानिस्तान पर हमला किया और उसके बाद अमेरिका को पश्चिम एशिया के अन्य देशों पर भी प्रभुत्व स्थापित करने का वैचारिक आधार मिल गया। इसी क्रम में अमेरिका ने 2003 में इराक पर हमला कर सत्ता परिवर्तन किया। इराक में परंपरागत सुन्नी शासक की जगह अब शिया सरकार निर्मित हुई, जो इराक में बहुसंख्यक भी थे। इराक के शिया शान द्वारा सुन्नी समुदाय की उपेक्षा का आरोप लगा। सुन्नी समुदाय में बढ़ती उपेक्षा और वांचन के भाव ने कट्टरवादी ताकतों को मजबूत वैचारिक आधार दिया और 2011 में इस्लामिक स्टेट ऑफ इराक का गठन हुआ। इसी बीच अरब विश्व में

शुरू हुए अरब क्रांति का प्रभाव सीरिया पर भी देखा गया, जहाँ सीरिया के शिया शासक बसर अल असद के विरुद्ध बहुसंख्यक सुन्नी जनता ने विद्रोह कर दिया। 2013 में बगदादी के नेतृत्व में इराक और सीरिया के सुन्नी विद्रोही आपस में मिलकर इस्लामिक स्टेट ऑफ इराक एंड सीरिया (ISIS) का गठन करते हैं।

पहचान का संकट

वैश्वीकरण के कारण विश्व के आर्थिक, सांस्कृतिक, तकनीकी एकीकरण की प्रक्रिया को गति मिली। लेकिन एकीकरण की यह प्रक्रिया एकसमान नहीं थी, बल्कि इस एकीकरण में पश्चिमी संस्कृति के बढ़ते प्रभाव ने विश्व में समरूपी समाज का निर्माण करना शुरू कर दिया, जिससे स्थानीय समुदायों में अपनी सांस्कृतिक मानदंडों और मूल्यों के खत्म होने का खतरा महसूस करना उत्पन्न हुआ। इससे इन समुदायों में पहचान का संकट उत्पन्न हुआ, जिसकी प्रतिक्रिया में स्थानीय समुदायों में कट्टरवादी और प्रतिक्रियावादी भावनाएँ मजबूत होने लगीं। इसने पूरे विश्व में सभ्यता के संघर्ष को बढ़ावा दिया। यही कारण है कि धार्मिक और नृजातीय पहचान पर आधारित अनेक आतंकी संगठनों का उभार देखा गया।

आर्थिक कारण

आतंकी समूहों का गठन उन क्षेत्रों में अधिक देखा गया, जहाँ आर्थिक पिछड़ापन अधिक था। इन क्षेत्रों में आतंकी समूहों में भर्ती को रोजगार का एक आकर्षक विकल्प माना जाता है। पाकिस्तान अफ़ग़ानिस्तान की सीमा पर स्थित फाटा क्षेत्र दुनिया का सर्वाधिक खतरनाक क्षेत्र माना गया है। इस क्षेत्र में निर्धनता और बेरोज़गारी की स्थिति गंभीर रही है। इसी प्रकार हॉर्न ऑफ अफ्रीकन देशों सोमालिया, इथोपिया, इरीट्रिया और जिबूती के अलावा अफ्रीकी देश नाईजीरिया में भी आर्थिक अभाव आतंकवाद को बढ़ावा देने वाला प्रमुख कारण रहा है।

तकनीकी कारण

70 के दशक के बाद से ही आतंकी समूहों की सक्रियता में उभार तब देखा गया, जब परिवहन के साधनों का विस्तार देखा गया। वायुयान के माध्यम से अब दुनिया के अलग-अलग हिस्सों में यात्रा करना आसान हो गया था। वहीं 1990 के दशक में सूचना प्रौद्योगिकी के कारण अब आतंकी संगठन अधिक संगठित होने लगे।

वित्तीय और बैंकिंग संस्थानों के वैश्विक नेटवर्क ने इन्हें आर्थिक रूप में अपना नेटवर्क स्थापित करने में मदद की और हाल के वर्षों में सोशल मीडिया के बढ़ते प्रचलन का भी लाभ इन आतंकी समूहों को मिला है। सोशल मीडिया के माध्यम से इन्होंने युवाओं को आकर्षित करने के लिए आतंकवाद का ग्लैमराईजेसन किया। आतंकी साहित्य और वीडियो के माध्यम से युवाओं का रेडिक्लाइजेसन भी किया। यही नहीं सोशल मीडिया के माध्यम से आतंकवाद के विकेंद्रीकरण करने में भी इन्हें मदद मिली, जिससे स्वप्रेरित आतंकवाद को बढ़ावा मिला। इसे लोन वुल्फ अटैक के रूप में देखा जा सकता है। आज सोशल मीडिया के माध्यम से आतंकी प्रशिक्षण भी दिया जा रहा है तथा घरेलू सामग्री से हथियारों के निर्माण की सीख दी जा रही है। यह ग्रास रूट टेररिज्म का बढ़ता प्रसार है।

राज्य के नीतियों के विरोध में

प्राय: यह भी देखा गया है कि किसी राज्य की नीतियाँ एक समूह विशेष में घृणा की भावना मजबूत करती हैं और उसके विरुद्ध आतंकी गतिविधियों को प्रेरित करती हैं, जैसे इजरायल की नीतियों के विरुद्ध हिजबुल्लाह का गठन। इसके अलावा व्यक्तिगत महत्त्वाकांक्षा भी आतंकवाद के प्रसार के लिए एक जिम्मेदार कारक है। आतंकी समूहों के गठन के पीछे किसी व्यक्ति विशेष की व्यक्तिगत महत्त्वाकांक्षा भी जिम्मेदार होती है जैसे ओसामा बिन लादेन या बगदादी।

समकालीन विश्व में आतंकवाद

समकालीन विश्व में आतंकवाद सर्वव्यापी और वैश्विक रूप ले चुका है। इसमें नवीन प्रवृत्तियों का विकास हुआ, जो निम्नलिखित हैं—

—वर्तमान समय में आतंकी समूह पूर्व की तुलना में अधिक संगठित, प्रशिक्षित और अत्याधुनिक हथियारों से लैश हो गए हैं। इनके द्वारा अत्याधुनिक संचार उपकरणों और हथियारों का प्रयोग किया जा रहा है। अत: नए तथा हल्के हथियार और विस्फोटकों की उपलब्धता ने इनकी पहुँच और मारक क्षमता को बढ़ा दिया है। आज के परिवेश में कलाशिनकोव संस्कृति (गन कल्चर) का विकास हुआ है। इनके द्वारा AK 47, AK 56, रॉकेट लॉन्चर, RDX आदि का प्रयोग किया जा रहा है।

—वर्तमान समय में परिवहन के साधनों के विकास, बैंकिंग और वित्तीय नेटवर्क के विकास तथा सूचना प्रौद्योगिकी के कारण आतंकी समूहों की भौतिक उपस्थिति विश्व के प्रत्येक क्षेत्र में बढ़ रही है।

—अब आतंकी घटनाएँ केवल विकासशील देशों तक सीमित नहीं रह गयी हैं, बल्कि वर्तमान में विकसित देशों विशेषकर यूरोपीय देशों में आतंकी हमले तेज़ी से बढ़े हैं। जैसे—पेरिस, लंदन, ब्रुसेल्स, मैड्रिड आदि पर हुए आतंकी हमले।

—वर्तमान में आतंकवाद का निजीकरण भी देखा जा रहा है। साथ ही संगठन व विचारधारा के स्थान पर व्यक्तिगत महत्त्वाकांक्षा अधिक प्रभावी देखी जा रही है। अब आतंकी संगठन अपना निजी तन्त्र, निजी सेना और आचारसंहिता का विकास कर रहे हैं। कई देशों में ये समानांतर अर्थव्यवस्था का भी संचालन कर रहे हैं।

—वर्तमान में आतंकी समूहों द्वारा राजनीतिक व्यवस्था को प्रत्यक्ष चुनौती देने की प्रवृत्ति भी बढ़ रही है। इस सन्दर्भ में आईएसआईएस द्वारा न केवल भू क्षेत्र पर नियंत्रण किया गया बल्कि अपना संविधान, अपनी सरकार और अपनी सेना का भी गठन किया गया। हालाँकि किसी राज्य द्वारा इन्हें मान्यता दी गयी, इसलिये इन्हें प्रोटो स्टेट के रूप में देखा जाता है।

—वर्तमान में व्यवहारिक स्तर पर आतंकी समूहों की न कोई विचारधारा है और न ही उद्देश्य क्योंकि इनके लिए आतंक और हिंसा साध्य भी है और साधन भी। ऐसे में इनकी सामाजिक स्वीकार्यता में गिरावट देखी जा सकती है और आम लोगों से इनकी दूरी भी बढ़ती जा रही है।

आतंकवाद एक प्रतिस्पर्धी उद्योग के रूप में

हाल के दशकों में आतंकवाद एक संगठित अपराध और अपराधियों के नेटवर्क के साथ एक प्रतिस्पर्धी उद्योग के रूप में उभरा है। जिस प्रकार एक उद्योग में क्रय-विक्रय और हानि-लाभ को ध्यान में रखकर दूसरे उद्यमियों की तुलना में अधिक लाभ प्राप्त करने के लिए भिन्न-भिन्न उपाय किए जाते हैं, ठीक उसी प्रकार विभिन्न आतंकवादी समूह अपने निश्चित निर्धारित लक्ष्य की प्राप्ति के लिए दूसरे आतंकी संगठनों से प्रतिस्पर्धा कर रहे हैं। अलग-अलग उद्योगों में वस्तुओं का उत्पादन इस प्रकार किया जाता है जिससे अधिक से अधिक उपभोक्ताओं का ध्यान उत्पाद के प्रति आकर्षित हो सके। इसी प्रकार आतंकवादी भी आतंक कृत्य को संपन्न करने के लिए नए-नए तरीके अपना रहे हैं जिससे उनकी तरफ आतंकवाद को समर्थन देने वाले देशों, संगठनों (राज्य प्रायोजित आतंकवाद) का ध्यान केंद्रित हो सके। जैसे विभिन्न उद्यमों को राज्य संरक्षण देता है, उनके विकास को बढ़ावा देने के लिए नीतियाँ, कार्यक्रम बनाता है, ठीक उसी प्रकार सैकड़ों आतंकवादी समूह प्राथमिकता के तौर पर अपने संरक्षण और बढ़ावा देने वाले देशों, संगठनों और समूहों की नजर में बने रहना चाहते हैं। आतंकवाद स्पष्ट रूप में एक प्रतिस्पर्धात्मक उद्योग के रूप में निम्नलिखित रूप में उभरा है :

आतंकी गतिविधियों के लिए भूमि पर कब्जा

यमन के हूती विद्रोहियों ने राजधानी साना समेत कई भागों पर कब्जा कर यमन सरकार समेत सऊदी अरब का ध्यान भी अपनी तरफ आकर्षित किया है। इसी प्रकार इस्लामिक स्टेट ने ईराक और सीरिया के महत्त्वपूर्ण इलाकों पर कब्जा किया है। तालिबान नेटवर्क और आईएसआईएस खोरासान ने अफ़ग़ानिस्तान के हिस्सों को कब्जे में लिया है। तालिबान ने तो 1996 से 2003 तक अफ़ग़ानिस्तान में शासन सत्ता भी सँभाली है। इसी प्रकार सोमालिया में अल शबाब और नाईजीरिया में बोको हराम जैसे आतंकी संगठन इस्लामिक साम्राज्य के निर्माण की मंशा से अपने-अपने देश के अलग-अलग हिस्सों को कब्जा करने के प्रयास में लगे हुए हैं।

आतंकी वित्त पोषण के नए स्त्रोतों की तलाश के जरिए प्रतिस्पर्धा

आज आतंकवादी संगठन अपने आतंकी मिशनों के लिए वित्तीय जरूरतों को पूरा करने के लिए नए-नए तरीके खोज रहे हैं। इसमें एक प्रमुख तरीका है राज्य प्रायोजित आतंकवाद के जरिए देश की सत्ता से ही पूँजी प्राप्त करना। उदाहरण के लिए पाकिस्तान द्वारा लश्कर ए तैयबा और जैश ए मोहम्मद जैसे संगठनों को वित्तीय सहयोग मिलना, लेबनान के हिजबुल्ला नामक आतंकी संगठन, जिस पर खाड़ी देशों में आतंकवाद को बढ़ावा देने का आरोप है, को ईरान द्वारा वित्त पोषण, सीरिया के विद्रोहियों को अमेरिका द्वारा वित्तीय सहयोग आदि। अफ्रीकी देशों में सक्रिय आतंकी संगठन लॉर्ड रेसिस्टेंस आर्मी द्वारा वन्य जीवों की तस्करी के जरिए आतंक का वित्त पोषण भी आतंकियों के पूँजी संग्रहण के नए तरीकों को दर्शाता है। आइसिस जैसे आतंकी संगठनों द्वारा अपने कब्जे वाली भूमि से पेट्रोलियम तेल के कुओं से तेल बेचकर धन प्राप्त करने के प्रयास किए जा चुके हैं। इसके अलावा आईएसआईएस द्वारा अपहृत विदेशियों और अन्य स्थानीय लोगों की हत्या कर उनके शव को परिजनों को देने के लिए धन की माँग की जा चुकी है।

उद्यमशीलता के रूप में आतंकियों द्वारा प्रतिस्पर्धा

आतंकी संगठनों के द्वारा नए आतंकियों की भर्ती और नए आतंकी संगठनों का निर्माण उनकी उद्यमशीलता जैसी प्रवृत्ति को दर्शाता है। उदाहरण के लिए अबु बक्र अल बगदादी द्वारा इस्लामिक स्टेट की स्थापना, आसिम उमर के द्वारा वर्ष 2014 में अल कायदा इन दि इंडियन सबकोंटिनेंट की स्थापना और दक्षिण एशिया में आतंकवाद को फैलाने में इसकी भूमिका सुरक्षा बलों द्वारा स्पष्ट किया जा चुका है।

आतंकी कृत्यों को सम्पन्न करने के प्रतिस्पर्धी तरीके

वर्तमान में आतंकवादियों ने अन्य आतंकी गुटों से अपने को श्रेष्ठ सिद्ध करने के लिए हिंसक गतिविधियों को संपन्न करने के नए-नए तरीके अपनाएँ हैं जिनमें शामिल हैं—

—आईईडी, वाहन बम, सुसाइड बॉम्बर और फिदायीन हमला। ऐसे हमले कश्मीर और काबुल और इस्लामाबाद सहित विश्व के कई हिस्सों में देखे गए हैं।

—यूरोपीय देशों जैसे फ्रांस के पेरिस और ब्रिटेन के लंदन जैसे वैश्विक वित्तीय केंद्रों को निशाना बनाना।

—चर्च, मस्जिदों और मंदिरों में आतंकी हमलों के जरिए बड़े समुदाय का ध्यान आकृष्ट करना। श्रीलंका के चर्च में वर्ष 2019 में हुआ आतंकी हमला काफी गंभीर प्रकृति का माना गया था।

—प्रतिस्पर्धात्मक उद्योगों की तरह ही विभिन्न आतंकी संगठनों ने भी विश्व के अलग-अलग महाद्वीपों में अपने नेटवर्क, शाखाएँ और कार्यालय खोले हैं, जैसे अलकायदा ने यमन में अलकायदा इन अरेबियन पेनिनसुला, अफ्रीका में अलकायदा इन माघरेब, भारतीय उपमहाद्वीप में अलकायदा इन इंडियन सबकॉन्टिनेंट, आईएसआईएस की अफ़ग़ानिस्तान में सक्रिय शाखा आईएसआईएस खुरासान आदि।

—विश्व भर के आतंकवादी संगठनों के द्वारा अपनी विचारधाराओं के प्रसार और नए आतंकियों की भर्ती के लिए सोशल मीडिया और इंटरनेट का प्रयोग किया जा रहा है। आतंकियों के फेसबुक अकाउंट और ट्विटर अकाउंट पर धार्मिक कट्टरता से संबंधित लेखन सामग्री और वीडियो अपलोड किए जाते हैं और युवाओं को इस्लामिक जेहाद के नाम पर गुमराह करने का प्रयास किया जाता है। आईएसआईएस ने यूट्यूब, ट्विटर और फेसबुक जैसे माध्यमों के जरिए अपनी हिंसक कार्यवाही और मानसिकता को प्रदर्शित कर देशों और नागरिकों को भयादोलित करने का विशेष प्रयास किया है।

जिस प्रकार उद्योग अपने मजदूरों को वेतन, आवास आदि प्रदान कर उनके जीवन का हिस्सा बन जाते हैं आतंकवादी संगठन भी इसी प्रकार की सुविधा प्रदान कर उनके जीवन को एक नया तरीका अपनाने को प्रोत्साहित करते हैं। उद्योगों की तरह आतंकी संगठन भी कार्य करने के तरीकों में नवाचार का प्रदर्शन कर रहे हैं। उदाहरण के लिए अब ज्यादातर आतंकी हमले लोन वुल्फ अटैक (एक व्यक्ति द्वारा ही आतंकी कार्यवाही को अंजाम देना) तरीके से हो रहे हैं जो पूर्व के सामूहिक हमलों से भिन्न हैं। इसी प्रकार आज आतंकवादी संगठन अन्य उद्योगों की तरह

ही आधुनिक तकनीकों से लैस हैं। सॉफ्टवेयर इंजीनियर, हथियारों के विशेषज्ञ की उपलब्धता और उनकी भर्ती आदि लश्कर-ए-तैयबा और आईएसआईएस जैसे आतंकवादी संगठनों की विशेषताएँ हैं।

आतंकवाद और संगठित अपराध के मध्य संबंध

पारराष्ट्रीय संगठित अपराध के खिलाफ संयुक्त राष्ट्र अभिसमय, 2000 संयुक्त राष्ट्र महासभा द्वारा प्रस्ताव संख्या 55 / 25 के जरिए अंगीकृत किया गया था जो वर्ष 2003 में कार्यशील हुआ था। इसमें पारराष्ट्रीय संगठित अपराधों और आतंकवाद के मध्य संबंध अथवा अंतर्संपर्क को स्पष्ट किया गया है। संगठित अपराध निम्नलिखित रूपों में आतंकवाद और आतंकियों से जुड़ा हुआ मुद्दा है :

—संगठित अपराध को संपन्न करने वाले अपराधी और आतंकवादी दोनों ही विधि प्रवर्तन निकायों, कानून और व्यवस्था के लिए खतरे उत्पन्न करते हैं। इस रूप में दोनों एक से आपराधिक उद्‌देश्यों के तहत कार्य करते हैं।

—संगठित अपराध जैसे नशीले पदार्थों की तस्करी, हथियारों की तस्करी, जाली मुद्रा की तस्करी, मनी लॉन्ड्रिंग आदि से प्राप्त धन द्वारा आतंक के वित्त पोषण की शुरुआत हुई है। भारत के इंटेलिजेंस ब्यूरो और अन्य आसूचना इकाइयों ने पंजाब के नशीले पदार्थों की तस्करी के कश्मीर में सक्रिय आतंकवादियों से लिंक होने के साक्ष्य भी प्रस्तुत किए हैं। भारत के धन शोधन निरोधक अधिनियम में भी नशीले पदार्थों की तस्करी और मनी लॉन्ड्रिंग के मिश्रित स्वरूप वाले अपराध को अधिक गंभीर अपराध माना गया है और कठोर दंड (10 वर्ष के कारावास) का प्रावधान किया गया है जिससे संगठित अपराध और आतंकवाद के मध्य संबंध का पता चलता है।

—आतंकवादी अपने संगठनों के लिये वित्तीय सहायता प्राप्त करने के लिये संगठित अपराधों का सहारा लेते हैं। मादक पदार्थों की तस्करी, वन्य जीवों की तस्करी, अपहरण और जबरन वसूली, हथियारों की तस्करी, जाली नोटों का वितरण, मनी लॉन्ड्रिंग, हवाला कारोबार आदि संगठित अपराधों के माध्यम से आतंकवादी धन एकत्र करते हैं।

—आतंकवादी अंतर्राष्ट्रीय संगठित अपराध नेटवर्क की आड़ में फलते-फूलते हैं। संगठित अपराधी और आतंकवादी दोनों प्रायः ऐसे क्षेत्रों में कार्य करते हैं, जहाँ कम सरकारी नियंत्रण हो, कमज़ोर प्रशासनिक ढाँचा और खुली अंतर्राष्ट्रीय सीमा मौजूद हो। आतंकवादी अपने सदस्यों को संगठित अपराध नेटवर्क का इस्तेमाल कर अंतर्राष्ट्रीय सीमा पार करवाकर विभिन्न देशों में भेजते हैं, बदले में आतंकवादी अपने नियंत्रित क्षेत्रों में इन्हें सुरक्षा प्रदान करते हैं।

—संगठित अपराध संगठन और आतंकवादी संगठन कमज़ोर प्रशासन और कानून व्यवस्था का लाभ उठाकर फलते-फूलते हैं। दोनों के बीच सहजीवी संबंध हैं और वे परस्पर अन्योन्याश्रित हैं। यद्यपि यह आपसी संबंध सामान्यत: विकासशील और कम विकसित देशों में अधिक देखने को मिलता है, विकसित में नहीं।

—संगठित अपराध का उद्देश्य मुख्य रूप से मौद्रिक या आर्थिक लाभ प्राप्त करना होता है और ये निरंतरता में चलने वाली आपराधिक गतिविधि है वहीं आतंकवाद का मुख्य उद्देश्य राजनीतिक और वैचारिक होता है। आतंकवाद अनिवार्य रूप से हिंसा और भय फैलाने पर बल देता है लेकिन संगठित अपराधियों के उद्देश्य के मार्ग में बाधा न आए तो वे आतंकवादियों के समान हिंसा और भय फैलाने में रुचि प्रकट नहीं करते। संगठित अपराधों को करने वाले लोगों और साथ ही आतंकवादियों का सरकारी तंत्र और पुलिस तंत्र से भी गठजोड़ देखा जाता है। मलिमथ समिति की रिपोर्ट में भी इस बात का प्रमाण दिया गया है।

—आतंकी समूहों के लिए संगठित अपराधी स्लीपर सेल के गठन में भी सहायता उपलब्ध कराते हैं। युवा आतंकवादियों की भर्ती, उन्हें सूचना और प्रौद्योगिकी की उन्नत सुविधाएँ, उन्हें आतंकी कृत्यों में सहायता के लिए ओवर ग्राउंड वर्कर्स को उपलब्ध कराने जैसे अन्य संदर्भों में भी आतंकवाद और संगठित अपराध के मध्य संबंध देखा जा सकता है।

—संयुक्त राष्ट्र संघ के अनुसार आपराधिक व्यवहार को आतंकवाद से जोड़ कर देखने के कई साधन मौजूद हैं। संयुक्त राष्ट्र सुरक्षा परिषद वर्ष ने 2014 में वास्तव संख्या 2195 पारित किया था जिसमें कहा गया है कि विश्व के कई क्षेत्रों में पारराष्ट्रीय संगठित अपराध से आतंकवादी लाभान्वित हुए हैं और ऐसा हथियारों, व्यक्तियों, ड्रग्स, पुरातात्विक सामग्रियों की तस्करी और प्राकृतिक संसाधनों के अवैध व्यापार के रूप में हुआ है। इसके अलावा फिरौती के लिए अपहरण और अन्य अपराधों के जरिए भी आतंकवादियों को लाभ मिला है। संयुक्त राष्ट्र सुरक्षा परिषद की जुलाई 2019 की बैठक में स्पष्ट किया गया है कि छोटे-छोटे अपराधी अवसर का लाभ उठाने के लिए आतंकवाद को अपना रहे हैं, जोकि चिंता का विषय है। संयुक्त राष्ट्र अंतरक्षेत्रीय अपराध और न्याय अनुसंधान संस्थान (यूएनआईसीआरआई) ने भी इसे स्पष्ट किया था।

—आतंकवादी संगठन अपने अभियानों के लिए धन जमा करने के लिए अपराध करते हैं, उदाहरण के लिए आईएसआईएल या दाएश आतंकवादी संगठनों ने शुरू से ही तस्करी और अवैध वस्तुओं का व्यापार करके धन इकट्ठा किया। छोटे आतंकवादी सेल तो जेलों में बंद अपराधियों को भर्ती करने में भी लगे रहे हैं जिससे ये कड़ी चलती रहे और जेलें अपराध की दुनिया की जानकारी के आदान-प्रदान की आसान जगह बन जाएँ। आतंकवादी बने छोटे अपराधियों के अधिक

फैले होने और अनिश्चितता के कारण स्थानीय अपराध भी गंभीर और वैश्विक ख़तरे का रूप लेने लगे हैं।

—यौन शोषण, बाल सैनिकों और जबरन मज़दूरी के लिए मानव तस्करी का इस्तेमाल न केवल धन के लिए किया जा सकता है बल्कि डर पैदा करने और नए लड़ाकों की भर्ती करने के लिए भी संभव है। उदाहरण के लिए, दाएश संगठन ने तेल के अवैध व्यापार, सीरिया में पलमाइरा और इराक के मोसुल जैसे स्थानों से लूटी हुई सांस्कृतिक धरोहरों की तस्करी, या फिरौती के लिए अपहरण—इन सबसे बहुत धन इकट्ठा किया था।

—इसके साथ ही समुद्री डकैती और संगठित अपराध के मध्य पनपते संबंध को भी देखा गया है जिन्हें किसी एक देश के क़ानून के अंतर्गत न आने के कारण और कई देशों की नियंत्रण क्षमता से बाहर होने की वजह से रोकना मुश्किल हो जाता है। सोमालिया में अल-शबाब उग्रवादियों ने समुद्री तस्करी और ओमान की खाड़ी में लकड़ी के कोयले के व्यापार के ज़रिए अपने अभियानों के लिए धन जमा किया था। वहीं अल-क़ायदा संगठन भी अरब प्रायद्वीप के आसपास अपने लड़ाकों के लिए समुद्र के रास्ते ही सप्लाई भेजते थे। इन सबसे निपटने के लिए क़ानून प्रवर्तन, तटरक्षक, सीमा और हवाई अड्डों के अधिकारियों, अभियोजकों, न्यायाधीशों, जेल के अधिकारियों और अन्य संबंधित अधिकारियों के लिए प्रशिक्षण आवश्यक है। इस संदर्भ में सूचना और ख़ुफ़िया जानकारी साझा करने के लिए अंतर-एजेंसी, क्षेत्रीय और अंतर्राष्ट्रीय सहयोग के तंत्र में और अधिक निवेश करने की ज़रूरत है।

भारत और अंतर्राष्ट्रीय आतंकवाद पर व्यापक अभिसमय (सीसीआईटी)

सितंबर 2019 में भारतीय प्रधानमंत्री द्वारा संयुक्त राष्ट्र संघ के मुख्यालय में अंतर्राष्ट्रीय आतंकवाद पर व्यापक अभिसमय को शीघ्र से शीघ्र अंगीकृत करने, हस्ताक्षर और इसका अनुसमर्थन करने के लिए राष्ट्रों से अपील की गई थी। इसके साथ-साथ हाल के वर्षों में जी 20, शंघाई सहयोग संगठन और ब्रिक्स समेत कई अंतर्राष्ट्रीय मंचों पर भारत ने इस अभिसमय को मूर्तमान स्वरूप देने हेतु राष्ट्रों से सहयोग करने की बात कही है क्योंकि आतंकवाद की कोई सार्वभौमिक स्वीकृत परिभाषा नहीं है और इसके चलते विभिन्न देशों के राष्ट्रीय कानूनों में आतंकवाद और आतंकवादियों से निपटने संबंधी प्रावधानों में अस्पष्टता बनी रहती है। इसीलिए भारत ने वर्ष 1996 में अंतर्राष्ट्रीय आतंकवाद पर व्यापक अभिसमय को अपनाने के लिए संयुक्त राष्ट्र में एक प्रस्ताव रखा था लेकिन अमेरिका और इस्लामिक सहयोग संगठन के सदस्य देशों तथा कुछ

लैटिन अमेरिकी देशों के विरोध और मतभेद के चलते इस प्रस्ताव को अंगीकृत नहीं किया जा सका है।

सीसीआईटी वैश्विक स्तर पर एक वैधानिक रूपरेखा प्रस्तुत करता है और यह सभी हस्ताक्षरकर्ता देशों पर बाध्यकारी दायित्व आरोपित करने का प्रस्ताव करता है कि वे आतंकी समूहों के वित्तपोषण और उन्हें सेफ हैवंस देने का काम न करें।

सीसीआईटी के मुख्य उद्देश्य निम्नलिखित हैं :

—आतंकवाद की एक सार्वभौमिक परिभाषा जिसे संयुक्त राष्ट्र संघ के 193 देश अपने आपराधिक कानूनों में शामिल करें।

—इसका उद्देश्य है सभी आतंकी समूहों को प्रतिबंधित करना और सभी आतंकी शिविरों का उन्मूलन करना।

—सभी आतंकवादियों के खिलाफ विशेष कानूनों के तहत मुकदमा चलाने का प्रावधान करना और इसे राष्ट्रों पर बाध्यकारी बनाना।

—सीमा पार आतंकवाद को विश्वव्यापी स्तर पर एक प्रत्यर्पण योग्य अपराध बनाना ताकि एक देश से भाग कर दूसरे देश में रह रहे आतंकियों के खिलाफ कार्यवाही संभव हो सके।

सीसीआईटी के मार्ग में अवरोध

—इस्लामिक सहयोग संगठन के देशों के द्वारा इस अभिसमय के विरोध के चलते यह कार्यशील नहीं हो सका है। इस्लामिक सहयोग संगठन के देशों का मानना रहा है कि राष्ट्रीय स्वाधीनता आंदोलनों को आतंकवाद की परिभाषा से बाहर रखा जाए जैसे इजरायल और फिलिस्तीन का युद्ध और इस आधार पर फिलिस्तीन के उग्रवादी और आतंकी गुटों के कार्यकलापों को वैध ठहराया जाना।

—पाकिस्तान जैसे देश आतंकियों को स्वतंत्रता सेनानी के रूप में देखते हैं और आतंकी कृत्य को एक धर्म युद्ध के रूप में। पाक अधिकृत कश्मीर में आजादी की लड़ाई को पाकिस्तान एक जेहाद के रूप में देखता है। इसलिए वह भारत द्वारा प्रस्तावित इस अभिसमय का विरोध करता है।

—कुछ लैटिन अमेरिकी देशों (दक्षिण अमेरिकी देशों) जैसे कोलंबिया, वेनेजुएला, क्यूबा और पेरू में साम्यवादी लक्ष्यों की प्राप्ति के लिए पृथकतावादी आंदोलन और उससे संबंधित कार्यों को आतंकी कृत्य और आतंकवाद की परिभाषा में शामिल न करने पर जोर दिया जाता है ताकि इन देशों के द्वारा पृथकतावादी और अलगाववादी आंदोलनों को चलाया जा सके। इन कारणों से सीसीआईटी पर वैश्विक सर्वसम्मति नहीं बन पाई है।

भारत में आतंकवाद से निपटने के लिए किए गए उपाय

आतंकवाद-रोधी एवं इस्लामिक कट्टरवाद रोधी (सीटीसीआर) प्रभाग : यह भारत सरकार के गृह मंत्रालय के अधीन आतंकवाद, आतंकवाद से मुकाबला करने, कट्टरपंथीकरण, गैरकानूनी क्रियाकलाप (रोकथाम) अधिनियम, नेशनल इन्वेस्टिगेशन एजेंसी अधिनियम, फेक इंडियन करेंसी नेटवर्क (एफआईसीएन) और फाइनेंशियल एक्शन टास्क फोर्स (एफएटीएफ) के आतंक के वित्त पोषण को रोकने, काले धन और मनी लॉन्ड्रिंग से निपटने के प्रयासों से संबंधित है।

भारत में प्रस्तावित नेशनल काउंटर टेररिज्म सेंटर : नेशनल काउंटर टेररिज्म सेंटर के गठन का विचार वर्ष 2008 में मुंबई आतंकी हमलों के बाद तत्कालीन केंद्र सरकार द्वारा दिया गया था। इसका उद्देश्य आतंकी हमलों को रोकने हेतु समावेशी रणनीति बनाना है लेकिन भारतीय राज्यों में इसकी संरचना व कार्य और इसके अधिदेव पर सर्वसम्मति नहीं बन पाई है। गृह मामलों की स्थाई संसदीय समिति ने वर्ष 2018 में राज्यसभा में प्रस्तुत एक रिपोर्ट में इस सेंटर के गठन की सिफारिश की है।

नेशनल काउंटर टेररिज्म सेंटर को एक एकल एकीकृत काउंटर टेररिज्म एजेंसी के रूप में गठित करने का विचार दिया गया था लेकिन कई राज्यों के मुख्यमंत्रियों ने इस बात पर आशंका व्यक्त की थी कि इससे राज्य सुरक्षा अभिकरण की कार्यप्रणाली में हस्तक्षेप हो सकता है जिससे देश के संघीय ढाँचे को भी खतरा पहुँचेगा। इसलिए यह अभी तक अस्तित्व में नहीं आ सका है। एनसीटीसी के जरिए एक एकीकृत कमांड के तहत कई अभिकरणों को एक प्लेटफॉर्म पर ले आकर आतंकवाद से अधिक प्रभावी तरीके से निपटने की योजना थी।

मल्टी एजेंसी सेंटर (मैक)

आतंकवाद का मुकाबला करने के लिए मैक यानि मल्टी एजेंसी सेंटर का गठन किया गया था। इसका कार्य शुरू में कारगिल युद्ध के बाद आतंकवादी गतिविधियों से संबंधित प्राप्त सूचना को दैनिक आधार पर साझा करना था। मल्टी एजेंसी सेंटर की स्थापना 2002 में दिल्ली में की गई थी और विभिन्न राज्यों की सहायक मल्टी एजेंसी सेंटरों में आसूचना या ख़ुफ़िया जानकारी के प्रयासों को साझा करने के लिए विभिन्न सुरक्षा एजेंसियों के प्रतिनिधि भी इसमें शामिल किए गए। मल्टी एजेंसी सेंटर भारत के विभिन्न आसूचना अभिकरणों जैसे इंटेलिजेंस ब्यूरो, रिसर्च एंड एनालिसिस विंग, वित्तीय खुफिया इकाई, राज्यों और संघ शासित प्रदेशों की

आसूचन अभिकरणों, केंद्रीय सशस्त्र पुलिस बलों सहित कई एजेंसियों के साथ आसूचना साझा करता है और साथ ही ये अभिकरण भी मैक के साथ आतंकवाद और देश की आंतरिक सुरक्षा से संबंधित सूचना को साझा करते हैं। विभिन्न राज्यों और केंद्र शासित प्रदेशों में स्थित एसमैक के साथ भी वीडियो कॉन्फ्रेंसिंग के माध्यम से लगातार और रियल टाइम में सूचना साझा की जाती है। बदले में अन्य एजेंसियाँ भी मल्टी एजेंसी के साथ सूचना साझा करती हैं। यह सेंटर 24 घंटे काम करता है। यह आतंकवाद विरोधी सूचना के संबंध में राष्ट्रीय मेमोरी बैंक के रूप में भी कार्य करता है। मैक को आतंकवाद रोधी आसूचना के लेखीकरण और लेखा परीक्षण के लिए भी अतिरिक्त जिम्मेदारी दी गई है। थोड़े से कार्यकाल में मैक अपनी उपयोगिता सिद्ध करने में सफल रहा है।

केंद्र और राज्यों के मध्य अधिकांश आसूचना का आदान-प्रदान आईबी के राज्य कार्यालयों और सब्सिडियरी मल्टी एजेंसी सेंटर्स (एसएमएसी) के जरिए तथा साथ ही एसएमएसी और राज्य पुलिस विशेष शाखाओं के मध्य कनेक्टिविटी के माध्यम से होता है। वर्तमान में 429 एसएमएसी नोड्स और 251 जिला पुलिस कार्यालय मैक और एसएमएसी के नेटवर्क से जुड़े हुए हैं। लेकिन कर्मचारियों की कमी ने इसके मार्ग में बाधा उत्पन्न की है और व्यावहारिक स्तर पर ये राज्य स्तरीय आईबी अधिकारियों से थोड़ा ही अधिक कार्य करते हैं। मैक में भी अधिकतर आसूचना इनपुट कुछ ही राज्यों की तरफ़ से आता है और यह भारत के कई राज्यों के राज्य पुलिस सेवाओं की मूलभूत कमजोरी को दर्शाता है। यदि संवैधानिक प्रावधानों की बात करें तो आसूचना को साझा करना राज्यों के सदइच्छा पर निर्भर है। यदि एक राज्य केंद्र सरकार के साथ सहयोग करने का इच्छुक नहीं है तो इसे आसूचना (खुफिया जानकारी) साझा करने के लिए बाध्य नहीं किया जा सकता। इसलिए आसूचना विनिमय के मामलों में देश की विभिन्न इकाइयों के बीच समन्वय आवश्यक है।

मल्टी एजेंसी सेंटर में 25 इंटेलिजेंस और सुरक्षा एजेंसियों ने 1 जनवरी, 2009 से 1000 से ज्यादा बैठकें की हैं लेकिन एक भी हमले को रोक नहीं पाई हैं। मल्टी एजेंसी सेंटर के तहत आतंकवाद पर सभी इंटेलिजेंस के लिए केंद्रीय इकाई बनाई गई है। इसमें शामिल हैं :

प्रधानमंत्री कार्यालय/कैबिनेट सचिवालय
रिसर्च एंड एनालिसिस विंग (रॉ)
नेशनल टेक्निकल रिसर्च ऑर्गेनाइजेशन (एनटीआरओ)
ज्वाइंट इंटेलिजेंस कमेटी (जेआइसी)

गृह मंत्रालय
इंटेलिजेंस ब्यूरो (आइबी)
नेशनल इनवेस्टिगेशन एजेंसी (एनआइए)
नेशनल सिक्यूरिटी गार्ड (एनएसजी)
सेंट्रल रिजर्व पुलिस फोर्स (सीआरपीएफ)
बोर्डर सिक्यूरिटी फोर्स (बीएसएफ)
नार्कोटिक्स कंट्रोल ब्यूरो (एनसीबी)
सेंट्रल ब्यूरो ऑफ इनवेस्टिगेशन (सीबीआइ)
सेंट्रल इंडस्ट्रि. सिक्यू. फोर्स (सीआइएसएफ)
सशस्त्र सीमा बल (एसएसबी)
भारत-तिब्बत सीमा पुलिस (आइटीबीपी)
असम राइफल्स

रेल मंत्रालय
रेलवे प्रोटेक्शन फोर्स (आरपीएफ)

रक्षा मंत्रालय
डिफेंस इंटेलिजेंस एजेंसी (डीआइए)
मिलिटरी इंटेलिजेंस
नौसेना गुप्तचर निदेशालय (डीएनआइ)
वायुसेना गुप्तचर निदेशालय (डीएआइ)
तटरक्षक

वित्त मंत्रालय
डायरेक्टरेट ऑफ रेवेन्यू इंटेलिजेंस
केंद्रीय आर्थिक गुप्तचर ब्यूरो
वित्तीय गुप्तचर इकाई (एफआइयू)
प्रवर्तन निदेशालय (ईडी)
आयकर गुप्तचर निदेशालय (डीआइआइटी)

देश में अपराधियों पर नकेल कसने के लिए 'क्राइम मल्टी एजेंसी सेंटर' (सी-मैक) के प्रोजेक्ट पर काम शुरू हो गया है। नेशनल क्राइम रिकॉर्ड ब्यूरो (एनसीआरबी) का दावा है कि 2019 तक देश में सी-मैक सिस्टम लागू कर दिया जाएगा। इसके शुरू होते ही पुलिस किसी भी वीडियो, चाहे वो दो घंटे का ही क्यों न हो, से अपराधी को खोज निकालेगी।

सीसीटीवी फुटेज या घटना स्थल से जुड़ी अन्य किसी भी क्लिप से देशभर के अपराधियों के डाटा से चंद मिनट में मिलान हो जाएगा। सी-मैक की खास बात यह है कि इससे वह व्यक्ति तुरंत पकड़ा जाएगा, जिसने अपने अलग-अलग नाम से कहीं पर किसी भी तरह के डाटा का इस्तेमाल किया है।

26/11 की घटना के बाद देश में आतंकी वारदातों पर नियंत्रण करने और उन्हें अंजाम देने वालों को पकड़ने के लिए मैक (मल्टी एजेंसी सेंटर) की स्थापना की गई थी। इसमें आईबी, रॉ, तीनों सेनाओं की इंटेलीजेंस, सभी अर्धसैनिक बल, वित्त मंत्रालय से जुड़ी खुफिया एजेंसी और आरपीएफ सहित करीब 26 संगठन शामिल हैं। ये सभी संगठन रोजाना नियमित तौर पर बैठक कर जरूरी सूचनाएँ साझा करते हैं।

आतंकवाद निरोधक दस्ता

आतंकवाद निरोधक दस्ते एक विशेष पुलिस बल हैं जो भारत के कई राज्यों में आतंकी घटनाओं पर नियंत्रण करने के लिए लगाए गए हैं। इन राज्यों में शामिल हैं—महाराष्ट्र, गुजरात, केरल, उत्तर प्रदेश, राजस्थान, बिहार और पश्चिम बंगाल। इसने देश में कई आतंकी हमलों को रोकने में सफलता भी प्राप्त की है। भारतीय पुलिस सेवा के अधिकारी आमतौर पर इस दस्ते में अपनी सेवाएँ और नेतृत्व प्रदान करते हैं।

जनवरी, 2020 में केरल में आतंक निरोधी दस्ते का गठन किया गया है। इसे माओवादी हिंसा से जुड़े मामलों से निपटने की जिम्मेदारी दी गई है।

आतंकवाद निरोधी दस्ते में अधिकांशतः वे अधिकारी होते हैं जो नेशनल इन्वेस्टिगेशन एजेंसी और आसूचना अभिकरणों से संबंधित होते हैं। केरल में एटीएस का नेतृत्व डिप्टी एसपी रैंक के अधिकारी को दिया गया है जो कई वर्षों तक एनआईए में सेवाएँ दे चुका है और जिसमें कई आतंकवाद से जुड़े मामलों की जाँच पड़ताल की है।

महाराष्ट्र में एटीएस का गठन राज्य सरकार द्वारा वर्ष 2004 में किया गया था। इसका उद्देश्य महाराष्ट्र के किसी भी भाग में कार्य करने वाले राष्ट्र विरोधी तत्वों के बारे में पता लगाना था। यह केंद्रीय आसूचना अभिकरणों जैसे आईबी और रॉ से इस संबंध में सूचनाओं का विनिमय करता है। इसके साथ ही राज्य सूचना अभिकरणों के साथ समन्वय, माफिया और संगठित अपराध सिंडिकेट्स की पहचान कर उनके उन्मूलन और जाली मुद्रा के गिरोहों की पहचान और नारकोटिक्स तत्वों की तस्करी को रोकने में महत्त्वपूर्ण भूमिका निभाता है।

यह आतंकवाद को बढ़ावा देने वाले जासूसी एजेंसियों की कार्यवाही पर निगाह

रखता है और संदिग्ध व्यक्ति को निरुद्ध भी करता है। राजस्थान में आतंकवाद निरोधक दस्ता (एटीएस) और सेना के संयुक्त अभियान में पाकिस्तान की इंटर सर्विसेज इंटेलिजेंस (आईएसआई) के एक संदिग्ध को वर्ष 2017 में गिरफ्तार किया गया था। इसके अलावा वर्ष 2019 में महाराष्ट्र एटीएस ने एक अवैधानिक इंटरनेशनल टेलीफोन एक्सचेंज का पर्दाफाश किया। इससे एटीएस की बहुआयामी भूमिका का पता चलता है। हाल ही में राष्ट्रीय अन्वेषण अभिकरण एनआईए ने कर्नाटक में जमात उल मुजाहिदीन बांग्लादेश नामक आतंकी समूह की उपस्थिति की जानकारी दी है जिसके बाद बेंगलुरु में एंटी टेररिस्ट स्क्वाड गठित करने की घोषणा की गई है।

आतंकवाद से निपटने के बहुआयामी प्रयास

भारत में आतंकवाद से निपटने के लिए निम्नलिखित संदर्भों में उपाय किए जाने जरूरी हैं :

—आतंकवाद निरोधी अभियान के लिए सुरक्षा बलों और भारतीय सेना को सभी अत्याधुनिक सामग्री, उपकरण और तकनीकी से संपन्न करना। आवश्यकता पड़ने पर आतंकी शिविरों के सफाई के लिए सर्जिकल स्ट्राइक करना और इसके लिए सुरक्षाबलों के मध्य समन्वय और उनके अचूक प्रशिक्षण पर बल देना।

—आतंकी अभियानों और षड्यंत्रों का सही समय पर पता लगाने के लिए आसूचना बलों को अधिक कार्यकुशल और सक्षम बनाना ताकि आतंकी हमलों के पूर्व खतरों की पहचान कर उनका नियंत्रण किया जा सके।

—आतंकी घुसपैठ के मार्गों पर सुरक्षा निगरानी बढ़ाना और अंतर्राष्ट्रीय सीमाओं की लेजर, थर्मल आदि कई रूपों में फेंसिंग करना। इसके अलावा भारत के तटीय क्षेत्रों (विशेषकर गुजरात और राजस्थान) से जहाँ से आतंकियों द्वारा भारत में घुसपैठ की संभावना अधिक होती है, वहाँ सतर्कता गतिविधियाँ बढ़ाना।

—भारत में पाक प्रायोजित आतंकवादियों के काश्मीर के अलगाववादियों, पृथकतावादियों और पत्थरबाजों, धार्मिक जेहादियों से संपर्क तोड़ने की प्रभावी रणनीति बनाना। इसके लिए भारत सरकार को इस्लामिक डी रेडीकलाइजेशन की मुहिम को अधिक प्रभावशील बनाने की जरूरत है ताकि स्थानीय युवाओं को इस्लामिक कट्टरता और जेहाद की सीख देकर, उन्हें गुमराह कर आतंकी समूहों में भर्ती किए जाने के प्रयासों को विफल किया जा सके।

—भारत सरकार को देश के आतंकवादी हिंसा से ग्रस्त क्षेत्रों (विशेषकर

कश्मीर घाटी) के नागरिकों की सोच, धारणा अथवा दृष्टिकोण के प्रबंधन पर बल देना आवश्यक है क्योंकि यह आतंकवाद के संबंध में स्थाई समाधान देने में अधिक कारगर साबित हो सकता है। एक बार स्थानीय युवा और अन्य नागरिक भारत सरकार के लोक कल्याणकारी सोच पर विश्वास करना सीख जाएँ तो वे आतंकवादियों का समर्थन नहीं करेंगे। वर्तमान में तो स्थिति यही है कि कश्मीर के कई धार्मिक मदरसे, मस्जिद आतंकियों के ओवर ग्राउंड वर्कर्स की मदद से अलगाव की भावना भड़काने में संलग्न रहे हैं। जमात ए इस्लामी को इसी आधार पर वर्ष 2019 में भारत सरकार द्वारा प्रतिबंधित किया गया है।

—जम्मू और कश्मीर में समावेशी विकास हेतु लोककल्याणकारी योजनाओं और कार्यक्रमों के जरिए लोगों में सरकार के प्रति विश्वसनीयता के भाव विकसित करने का प्रयास किया जाना आवश्यक है। हुनर, हिमायत, उस्ताद जैसी योजनाओं के जरिए युवाओं को आजीविका के साधन उपलब्ध करा के हिंसक गतिविधियों से दूर रखने की रणनीति बनाई जा सकती है।

—जम्मू कश्मीर में बैक टू विलेज प्रोग्राम के जरिए लाइन ऑफ कंट्रोल के पास स्थित अतिवाद ग्रस्त क्षेत्रों में स्थानीय जनता के मन में सरकारी कामकाज और नीतियों के प्रति विश्वसनीयता को बढ़ाने का कार्य किया गया है जिसके अपेक्षित परिणाम भी मिले हैं।

—आतंक के वित्त पोषण को रोकने के लिए नेशनल इन्वेस्टिगेशन एजेंसी और अन्य आसूचना इकाइयों जैसे इंटेलिजेंस ब्यूरो, रिसर्च एंड एनालिसिस विंग, मल्टी एजेंसी सेंटर के साथ ही स्थानीय पुलिस और सुरक्षा बलों के मध्य बेहतर ताल मेल के जरिए ठोस उपाय किए जाने आवश्यक हैं। नए आतंकियों को कहाँ से भर्ती किया जा रहा है, उन्हें आर्थिक प्रलोभन कहाँ से मिल रहा है, इसकी समय पर पहचान किया जाना आवश्यक है। आतंकी परिसंपत्तियों की जब्ती और उनकी कुर्की में तेजी लानी आवश्यक है।

—भारत द्वारा अंतर्राष्ट्रीय स्तर पर फाइनेंशियल एक्शन टास्क फोर्स के साथ मिलकर आतंक के वित्त पोषण को रोकने, ब्लैक मनी और मनी लांड्रिंग को रोकने के लिए पाकिस्तान जैसे देशों पर वैश्विक दबाव बनाने का प्रयास हाल के समय में किया गया है। भारत और अन्य देशों के दबाव के चलते ही पाकिस्तान को पेरिस स्थित फाइनेंशियल एक्शन टास्क फोर्स के ग्रे लिस्ट के रूप में रखा गया है।

—भारत सरकार द्वारा भारत में आतंकी हमलों को अंजाम देने वाले आतंकवादियों जिन्होंने किसी अन्य देश में शरण ले रखी है, अथवा गोपनीय ढंग से रह रहे हैं, उन्हें वहाँ से भारत लाकर आपराधिक मामला चलाने और न्यायिक कार्यवाही करने के उद्देश्य से विश्व के कई देशों के साथ प्रत्यर्पण संधियाँ और

पारस्परिक विधिक सहायता समझौते किए गए हैं। हाल के समय में वर्ष 2019 में भारत और अफ़ग़ानिस्तान का 2016 में किए गए प्रत्यर्पण संधि को दोनों देशों ने कार्यशील बना दिया है। अब भारत में आतंकवादी हमलों के दोषी आतंकी जो अफ़ग़ानिस्तान में रहते हैं, उन्हें वहाँ से भारत लाने का मार्ग प्रशस्त हो गया है।

अध्याय 3

वामपंथी उग्रवाद : अर्थ, आशय और संबंधित आयाम

वामपंथी उग्रवाद की अवधारणा को समझने के पूर्व आंतरिक सुरक्षा से संबंधित कुछ प्रमुख शब्दावलियों के मध्य अंतर और समानताओं की पहचान कर लेना आवश्यक है। उग्रवाद एक ऐसी विचारधारा है जो राजनीतिक, सामाजिक और सांस्कृतिक लक्ष्यों की प्राप्ति के लिए सरकार की सत्ता को चुनौती देने पर ध्यान केंद्रित करती है। इन लक्ष्यों की प्राप्ति के लिए असीमित स्तर पर हिंसक गतिविधियों का सहारा लिया जाता है और उसके लिए कुछ विचारकों, सिद्धांतकारों के युद्ध, सशस्त्र संघर्ष, हिंसा और शासन का प्रतिरोध आदि संबंधी विचारों का सहारा लिया जाता है। उदाहरण के लिए माओवाद और नक्सलवाद।

दूसरी तरफ अतिवाद यानि कि मिलिटेंसी शब्द का आशय भी यहाँ समझना आवश्यक है। जब भी कोई व्यक्ति अथवा संगठन हिंसा को माध्यम बनाकर अपने राजनीतिक, धार्मिक लक्ष्यों को प्राप्त करने का प्रयास करता है तो इस कृत्य को अतिवाद कहते हैं। इसमें सर्वाधिक जोर हिंसा और बाध्यतामूलक साधनों पर होता है। यदि धार्मिक अतिवाद की बात करें तो सिख धार्मिक अतिवाद का उदाहरण सामने आता है जैसे खालिस्तान के निर्माण की माँग और जम्मू-कश्मीर में घुसपैठियों द्वारा धार्मिक आधार पर की गई हिंसा। आतंकवादियों को भी अतिवादियों की श्रेणी में रखा जाता है।

इसके अतिरिक्त विप्लव यानि इंसरजेंसी शब्द का आशय भी समझना आवश्यक है। जब एक बड़ा समूह सशस्त्र संघर्ष के जरिए अपने राजनीतिक लक्ष्यों की प्राप्ति का प्रयास करता है और इस क्रम में आम जनता को साधन के रूप में प्रयोग में लाता है और राज्य की सत्ता को उखाड़ फेंकने के अपने सर्वोच्च लक्ष्य पर पूर्ण ध्यान केंद्रित करता है और इस क्रम में चरम हिंसा का सहारा लेता है तो इस कृत्य को विप्लव के रूप में परिभाषित किया जाता है। उदाहरण के लिए उत्तर पूर्वी भारत के कुछ नृजातीय समुदायों द्वारा की जाने वाली हिंसक गतिविधियाँ या आगजनी और उत्तर पूर्वी भारत के विप्लवकारियों का पड़ोसी देशों के अन्य विप्लवकारियों

से एक साझा उद्देश्य के लिए गठजोड़ होता है जैसे कि नगा विप्लवकारी और मिजो विप्लवकारी।

भारत में वामपंथी उग्रवाद एक विचारधारा के रूप में माओत्से तुंग की विचारधारा माओवाद से प्रभावित होकर अस्तित्व में आई। माओवाद एक राजनीतिक विचारधारा है जो निम्नलिखित मान्यताओं पर आधारित है :

यह सशस्त्र संघर्ष के जरिए राज्य की सत्ता के उन्मूलन का लक्ष्य रखता है।

यह सशस्त्र संघर्ष के लिए पीपुल्स वॉर यानि जन युद्ध और गोरिल्ला युद्ध पद्धति पर बल देता है।

माओवाद विप्लवकारियों अथवा उग्रवादियों को एक मछली और जनता को एक सागर के रूप में परिभाषित करता है जिससे माओवादी जनता को छद्म प्रचार दुष्प्रचार के जरिए राज्य के विरुद्ध हिंसा में जोड़ सकें। माओवाद हिंसा पर सर्वोच्च बल देते हुए मान्यता देता है कि राजनीतिक सत्ता बंदूक के नोक से प्राप्त होती है। इसलिए माओवाद सशस्त्र संघर्ष के लिए अपनी एक पदसोपानीय संरचना पर भी बल देता है। इस संरचना को निम्नलिखित रूप में वर्गीकृत किया गया है :

मुख्य बल : इसमें कंपनी पलटन अथवा प्लाटून, स्पेशल एक्शन टीम, हत्या करने वाले दस्ते, एसासिनेशन स्क्वाड और आसूचना इकाइयाँ शामिल हैं।

द्वितीयक बल : इसमें विशेष गोरिल्ला दस्ता, स्थानीय गोरिल्ला दस्ता, पलटन, जिलास्तरीय एक्शन टीम (एसासिनेशन स्क्वॉड) शामिल होते हैं।

आधार बल : पीपुल्स मिलिशिया (जन सहायक सेनाएँ), ग्राम रक्षक दल, आत्म रक्षक दल शामिल हैं।

फ्रंट ऑर्गेनाइजेशंस : माओवादियों के उद्देश्य को पूरा करने में फ्रंट ऑर्गेनाइजेशंस भी महत्त्वपूर्ण भूमिका निभाते हैं। यह संगठन मूल माओवादी पार्टी के सहउत्पाद के रूप में होते हैं जो किसी भी वैधानिक दायित्व से बचने के लिए अपना एक पृथक अस्तित्व रखते हैं। फ्रंट ऑर्गेनाइजेशंस मुख्य रूप से माओवादी दल के लिए दुष्प्रचार अथवा भ्रामक सूचनाओं को फैलाते हैं, पेशेवर क्रांतिकारियों की भर्ती करते हैं जिससे भूमिगत आंदोलन को बढ़ावा दिया जा सके, विप्लव के लिए आवश्यक वित्त की व्यवस्था करते हैं, वैधानिक मामलों में कैडरों को सहायता करते हैं और भूमिगत कैडरों को सुरक्षित स्थल और शरण उपलब्ध कराने में महत्त्वपूर्ण भूमिका निभाते हैं। इसके अलावा फ्रंट ऑर्गेनाइजेशंस में कार्य करने वाले माओवादी विचारधारा में अंतर्निहित हिंसा का बौद्धिक स्तर पर महिमामंडन करते हैं। दूसरे शब्दों में यह संगठन शहरी समुदायों और मीडिया तक माओवादियों के दृष्टिकोण को पहुँचाने में और हिंसक रक्तपात को औचित्यपूर्ण बनाने का प्रयास करते हैं। भारत सरकार के गृह मंत्रालय के अनुसार देश के 20 राज्यों में फ्रंट ऑर्गेनाइजेशन मौजूद हैं।

माओवाद एक ऐसी विचारधारा है जो विधि द्वारा स्थापित शासन तंत्र को अन्याय, शोषण, दमन का मुख्य उपकरण मानता है और इसलिए यह सत्ता के प्रतीक हर चीज का उन्मूलन करने का लक्ष्य रखता है। जैसे सरकारी वित्त से चलाए जाने वाले स्कूलों, चिकित्सालयों, सुरक्षा बलों के केंद्रों को नष्ट करने पर यह ध्यान केंद्रित करता है। इसके साथ ही पारंपरिक रूप से माओवाद को संसदीय शासन तंत्र में विश्वास भी नहीं रहा है। इसलिए यह चुनावों का बहिष्कार करता रहा है। वामपंथी उग्रवाद प्रभावित क्षेत्रों में चुनावों को संपन्न न होने देना, चुनाव कर्मियों और सुरक्षा बलों के जवानों का अपहरण और हत्याएँ इसकी कार्यप्रणाली में शामिल हैं।

वामपंथी उग्रवाद को माओवाद से जोड़ कर देखा जाता है न कि मार्क्सवाद से, इसके पीछे निम्न कारण हैं :

—मार्क्सवाद कृषक अधिकारों के प्रति संवेदनशील नहीं है, ना उसकी वकालत करता है जबकि माओत्से तुंग की विचारधारा में किसान क्रांति के अनिवार्य घटक हैं।

मार्क्स कृषक शोषण की बात नहीं करता जबकि माओवाद जमींदारी, जागीरदारों, भूमिपतियों से त्रस्त किसानों के हित की बात करता है। भारतीय संदर्भ में कृषक असंतोष वामपंथी उग्रवाद के प्रसार का एक मुख्य कारण रहा है।

—मार्क्सवाद अपने उद्देश्यों की प्राप्ति के लिए संगठित हिंसा, सशस्त्र विद्रोह, सशस्त्र संघर्ष, गुरिल्ला युद्ध पद्धति पर जोर नहीं देता जबकि माओवाद देता है और भारत में वामपंथी उग्रवाद की प्रकृति माओ के इसी धारणा पर आधारित है।

—मार्क्सवाद सर्वहारा या श्रमिक को केंद्र में रखता है जबकि माओवाद पीपुल्स वार को केंद्र में रखता है। भारत में भी 1980 के दशक से आंध्र प्रदेश में इसी पीपुल्स वार, और नेपाल में 1996 से पीपुल्स वार की शुरुआत हुई थी।

—वामपंथी उग्रवाद माओवाद का भारतीय संस्करण है मार्क्सवाद का नहीं क्योंकि भारत के वामपंथी उग्रवादी माओ के इस सिद्धांत में आस्था रखते हैं कि राजनीतिक सत्ता बंदूक की नोक से आती है।

भारत में माओवाद की शुरुआत

वर्ष 1949 में चीन में सत्ता में आने के बाद माओ ने साम्यवादी लक्ष्यों की प्राप्ति के लिए हिंसक क्रांति में श्रमिक, मजदूर वर्ग के साथ-साथ कृषकों को आंदोलन का आधार स्तम्भ बनाने का आवाहन किया था। किसानों के साथ होने वाले अत्याचार और उनके शोषण दमन को आधार बनाकर माओवाद में हिंसा को वैध बनाया गया। भारत में 1949 से पूर्व और उसके बाद भी कुछ ऐसे किसान

आंदोलन हुए जिसमें शासन व्यवस्था के खिलाफ असंतोष बढ़े। अकाल, दुर्भिक्ष, साहूकारों द्वारा उच्च ब्याज दरों की उगाही, भूमि को हड़पने की घटनाओं के प्रति कृषकों में असंतोष विद्यमान रहा। इसे 1950 के पहले तेभागा और तेलंगाना कृषक आंदोलन में देखा जा सकता है।

भारत में दलीय स्तर पर सबसे हिंसक माओवादी संगठन कम्युनिस्ट पार्टी ऑफ इंडिया (माओवादी) रहा है। मूलत: भारत में माओवाद और उसके प्रभाव को 1960 के दशक में देखा गया था जब 1967-68 में पश्चिम बंगाल में नक्सलवाद की शुरुआत हुई थी, लेकिन इसे गति 1980 में आंध्र प्रदेश में पीपुल्स वॉर ग्रुप के गठन के बाद मिली। वामपंथी उग्रवाद के रूप में माओवाद की घटना का विकास भारत में संगठित रूप में 2004 में देखा गया और इसी वर्ष आंध्र प्रदेश के पीपुल्स वार ग्रुप, बिहार और उसके आसपास के क्षेत्रों में कार्यशील माओवादी कम्युनिस्ट सेंटर ऑफ इंडिया और कम्युनिस्ट पार्टी ऑफ इंडिया (मार्क्सवादी लेनिन वादी) का एक ही में विलय कर दिया गया। इन सबके स्थान पर कम्युनिस्ट पार्टी ऑफ इंडिया (माओवादी) का गठन किया गया जोकि एक प्रमुख वामपंथी उग्रवादी समूह है और भारत के कई राज्यों में सुरक्षा बलों और निर्दोष नागरिकों की हत्या और हिंसा की घटनाओं के लिए जिम्मेदार रहा है और इसीलिए इसे अवैधानिक क्रियाकलाप निरोधक अधिनियम, 1967 के तहत प्रतिबंधित करते हुए आतंकी संगठन घोषित किया गया है। इस संगठन का मुख्य लक्ष्य भारत सरकार की सत्ता को उखाड़ फेंकने का रहा है और इसके लिए सशस्त्र विद्रोह को बढ़ावा दिया गया। गृह मंत्रालय की रिपोर्ट में स्पष्ट किया गया है कि वर्ष 2004 से अगस्त 2019 के बीच वामपंथी उग्रवाद की घटनाओं में भारत के अलग-अलग राज्यों में 8182 लोग मारे जा चुके हैं।

माओवादियों की कार्य पद्धति

माओवादियों ने राज्य की सत्ता के उन्मूलन के लिए जिस सशस्त्र संघर्ष को अपना आधार बनाया है, उसे संचालित करने के लिए हिंसक कार्यप्रणाली का सहारा लिया गया है। इसमें नृशंस हत्याएँ, अपहरण, फिरौती, सुरक्षाबलों और अर्धसैनिक बलों को निशाना बनाना, आम जनता के मन में भय उत्पन्न कर माओवादी हिंसाग्रस्त क्षेत्रों में अपनी हिंसा को वैचारिक रूप से प्रबल बनाना, गुरिल्ला युद्ध पद्धति और जन युद्ध के जरिए शासन के प्रतीकों पर चोट, फ्रंट ऑर्गेनाइजेशंस की सहायता से जनता में छद्म प्रचार, दुष्प्रचार, अफवाह और शासन तंत्र के प्रति विद्वेष की भावना भरने पर बल, भूमिगत अथवा समानांतर सरकार की स्थापना पर बल, भारत के कानून व्यवस्था, राष्ट्रीय सुरक्षा और संप्रभुता पर चोट करने के प्रयास

आदि शामिल हैं। पीपुल्स लिबरेशन गुरिल्ला आर्मी के कैडरों के जरिए इन कार्यों को अंजाम दिया जाता है।

नक्सलवाद अर्थ और आशय

नक्सलवाद एक विचारधारा है जो सामाजिक-आर्थिक विषमताओं और कृषकों के शोषण से उत्पन्न हुए असंतोष का परिणाम था। यह अपर्याप्त भूमि सुधार उपायों, प्राकृतिक संसाधनों या वन संसाधनों पर स्वामित्व के मुद्दों, कृषक अधिकारों, आदिवासियों के अधिकारों के संबंध में सरकार के नीतिगत उपायों से असंतुष्टि का परिणाम था और इसी असंतोष के चलते नक्सलियों ने समानांतर अथवा भूमिगत सरकार के रूप में काम करना शुरू किया। 1967-68 में पश्चिम बंगाल के नक्सलबाड़ी गाँव में माओवादी विचारधारा से प्रेरित होकर नक्सलवाद की शुरुआत हुई। इस समय भारतीय कम्युनिस्ट पार्टी के नेताओं चारू मजूमदार और कानू सान्याल ने एक अन्य आदिवासी नेता जंगल संथाल के साथ मिलकर किसानों के शोषण, उनके साथ होने वाले अन्याय और असमानता और सामाजिक आर्थिक बहिष्करण के खिलाफ एक वैचारिक क्रांति की पृष्ठभूमि निर्मित की जिसे नक्सलवाद के नाम से जाना जाता है। 1967 में बंगाल में कम्युनिस्ट पार्टी का शासन था और वहाँ किसान आंदोलन चरम पर था। जमींदारों के खिलाफ कृषक असंतोष के चलते किसानों द्वारा अनाज भंडारों को लूट कर इस आंदोलन का सूत्रपात किया गया। यह घटना इस बात का प्रमाण है कि साम्यवादी और माओवादी संसाधनों के समतामूलक वितरण और पूँजी के केंद्रीकरण के खिलाफ क्रांति करना चाहते थे। इस सशस्त्र संघर्ष को बढ़ावा देने के लिए 1969 में कम्युनिस्ट पार्टी ऑफ इंडिया (मार्क्सवादी लेनिन वादी) का गठन किया गया जिसके पहले महासचिव चारू मजूमदार बनाए गए थे। नक्सलबाड़ी आंदोलन माओं के साथ ही लेनिन के संगठित नेतृत्व की विचारधारा से भी प्रभावित है। 1970 के बाद इसमें थोड़ा ठहराव देखा गया जिसका कारण कुछ सुरक्षाबलों द्वारा चलाया गया ऑपरेशन स्टेपलचेज था और 1972 में चारू मजूमदार की मौत के बाद इसके संगठित नेतृत्व को झटका लगा। नक्सलवाद का दूसरा दौर 1980 में पीपुल्स वार ग्रुप के गठन के साथ देखा गया और नक्सलबाड़ी आंदोलन अधिक हिंसक होने के साथ सशस्त्र संघर्ष आधारित हो गया।

नक्सलवाद के कारण

नक्सलवाद विभिन्न सामाजिक, आर्थिक, सांस्कृतिक दशाओं का परिणाम है जिनमें

मुख्य निम्नलिखित हैं—

—सामाजिक आर्थिक विषमता और असमानता।

—निर्धनता, बेरोजगारी और क्षेत्रीय पिछड़ापन।

—जल, जंगल, जमीन प्राकृतिक संसाधनों के स्वामित्व संबंधी विवाद।

—भूमि अधिग्रहण और जनजातियों के भूमि हस्तांतरण से संबंधित मुद्दे।

—मूलभूत अवसंरचना का अभाव जैसे शिक्षा, स्वास्थ्य, परिवहन, बिजली आदि।

—मानवाधिकारों, मूल अधिकारों का उल्लंघन और शासन तंत्र की विफलता, जैसे समावेशी योजनाओं व कार्यक्रमों का अभाव, योजनाओं का सही ढंग से कार्यान्वित ना होना और विकासात्मक परियोजनाओं में पूँजीपति और उद्योगपतियों के लाभ पर बल आदि।

—सार्वजनिक जीवन में व्याप्त भ्रष्टाचार और अकुशल सरकारी कर्मचारियों का ढुलमुल रवैया।

—सामुदायिक संस्कृति के संरक्षण की प्रबल भावना और विस्थापन तथा पुनर्वास से जुड़े मुद्दे भी नक्सली हिंसा को बढ़ावा देते रहे हैं।

नक्सलियों की कार्यप्रणाली

—राज्य व शासन तंत्र को अस्थिर बनाना।

—कानून और व्यवस्था को अस्थिर बनाना।

—जनता की सरकार पर जोर अथवा समानांतर सरकार स्थापित करना।

—हिंसक कार्यवाही के जरिए सुरक्षाबलों के ठिकानों को निशाना बनाना।

—सरकारी अथवा सार्वजनिक अवसंरचनाओं जैसे रेलवे, सड़क, राजमार्ग और दूरसंचार तंत्र को ध्वस्त करना।

—सरकार समर्थित सिविल सोसायटी गैर सरकारी संगठनों और मानवाधिकार संगठनों को भी निशाना बनाना।

—आम जनता से जबरन टैक्स वसूलना और समानांतर सरकार और समानांतर अर्थव्यवस्था के रूप में कार्य करना।

—अपनी अदालतें चला कर जनता के लिए न्याय करना और न्यायाधीश की भूमिका अदा करना।

—पूर्वोत्तर भारत में सक्रिय उग्रवादी संगठनों, म्यांमार, नेपाल और चीन के उग्रवादी संगठनों के साथ गठजोड़।

वर्ष 2004 के बाद नक्सली रणनीति में थोड़ा बदलाव देखा गया और इसने भारत के संसदीय शासन तंत्र पर चोट करने का लक्ष्य बनाया। चुनावों का बहिष्कार, चुनाव के मार्ग में अवरोध पैदा करना, सरकारी नीतियों का क्रियान्वयन न होने

देना, पेशेवर हिंसक क्रांतिकारियों की भर्ती और फंडिंग के लिए अलग-अलग विकल्प तलाशने जैसे कार्यों के जरिए नक्सलियों की कार्यप्रणाली में आए महत्त्वपूर्ण बदलाव को देखा गया।

वामपंथी उग्रवाद से निपटने हेतु भारत द्वारा किए गए प्रयास

भारत में हाल के समय में वामपंथी उग्रवाद और हिंसक घटनाओं में कमी आने के पीछे कई कारण सरकार की तरफ से बताए गए हैं। वास्तव में यह एक ऐसी बहुआयामी रणनीति का नतीजा है, जिसके तहत आक्रामक सुरक्षा और लगातार विकास के जरिए स्थानीय लोगों को माओवादी विचारधारा से दूर लाने के प्रयास किए जा रहे हैं।

—2015 की नीति को व्यापक राष्ट्रीय नीति और कार्ययोजना में तब्दील कर काम किया जा रहा है। नीति आयोग की जून, 2019 की बैठक में 2015 वाली नीति को आगे जारी रखने का फैसला लिया गया है।

सुरक्षा बलों का पहले की तुलना में अधिक आधुनिकीकरण, प्रशिक्षण, वित्तीय आवंटन, माइन डिटेक्टर, माइन प्रूफ व्हीकल और आसूचना जानकारी की अंतर और अंतरा अभिकरण साझेदारी के जरिए निर्णायक परिणाम मिले हैं।

वामपंथी उग्रवाद से निपटने की 2015 की राष्ट्रीय नीति और 2017-18 की नई नीति के मध्य तुलना—

भारत सरकार का गृह मंत्रालय वर्ष 2015 से नक्सलवाद से निपटने के लिए एक राष्ट्रीय नीति और कार्ययोजना का क्रियान्वयन कर रहा है। इसमें निम्नांकित बिंदुओं पर बल दिया गया है—

—सुरक्षा से संबंधित उपायों के साथ-साथ विकास के कार्यों पर बल।

—स्थानीय समुदायों के अधिकारों और हकदारियों को सुनिश्चत करने पर बल।

—शासन प्रणाली में सुधार।

—जन अवबोधन (पब्लिक परसेप्शन) प्रबंधन के लिए प्रभावी उपाय करना।

इसके लिए निम्नांकित स्कीमों के साथ काम किया जा रहा है।

सुरक्षा संबंधी व्यय (एसआरई) की योजना—

सुरक्षा संबंधी व्यय की योजना के अंतर्गत केन्द्र सरकार वामपंथी उग्रवाद से प्रभावित 11 राज्यों की राज्य सरकारों को सुरक्षा बलों की प्रशिक्षण एवं प्रचालन आवश्यकताओं से संबंधित 90 जिलों के सुरक्षा संबंधी व्यय, वामपंथी उग्रवादी हिंसा में मारे गए नागरिकों/सुरक्षा बल कार्मिकों के परिवारों को अनुग्रह राशि के भुगतान, संबंधित राज्य सरकार की समर्पण एवं पुनर्वास नीति के अनुसार समर्पण करने वाले वामपंथी उग्रवादी कॉडरों को मुआवजे, सामुदायिक पुलिस व्यवस्था,

ग्राम रक्षा समितियों के लिए सुरक्षा संबंधी अवसंरचना तथा प्रचार सामग्रियों पर होने वाली व्यय की प्रतिपूर्ति करती है। वार्षिक परिव्यय में काफी वृद्धि की गई है और वामपंथी उग्रवाद रोधी अभियानों के दौरान बल के अशक्त सुरक्षा कार्मिकों के लिए मुआवजे तथा संपत्ति की क्षति के लिए मुआवजे जैसी नई मदों को पहली बार इस योजना में शामिल किया गया है। सुरक्षा संबंधी व्यय की योजना का उद्देश्य वामपंथी उग्रवाद की समस्या से निपटने में वामपंथी उग्रवाद से प्रभावित राज्यों की क्षमता में वृद्धि करना है।

—वामपंथी उग्रवाद से सर्वाधिक प्रभावित 30 जिलों के लिए विशेष केन्द्रीय सहायता—

इस योजना का मुख्य उद्देश्य तात्कालिक प्राकृतिक सार्वजनिक सुविधाओं और सेवाओं में गंभीर कमियों को दूर करना है। वामपंथी उग्रवाद से सर्वाधिक रूप से प्रभावित जिलों को भारत सरकार द्वारा 775 करोड़ रु. की राशि पहले ही जारी कर दी गई है।

—वामपंथी उग्रवाद से प्रभावित राज्यों में फोर्टीफाइड पुलिस स्टेशनों के निर्माण सहित विशेष अवसंरचना योजना—

वामपंथी उग्रवाद से प्रभावित राज्यों की नियमित माँग पर सरकार ने 'पुलिस बलों के आधुनिकीकरण' की अम्ब्रेला स्कीम की उप-योजना के रूप में यह योजना 2017-18 से 2019-20 तक 3 वर्ष की अवधि के लिए अनुमोदित की है।

—फोर्टीफाइड पुलिस थानों की योजना—

गृह मंत्रालय ने वामपंथी उग्रवाद से प्रभावित 10 राज्यों में 400 पुलिस थाने स्वीकृत किए थे। इनमें से 393 पुलिस थानों का काम पूरा हो गया है।

—वामपंथी उग्रवाद से निपटने की योजना के लिए केन्द्रीय एजेंसियों को सहायता—

इस योजना के अंतर्गत अवसंरचना के सुदृढ़ीकरण और हेलीकॉप्टर्स किराए पर लेने के लिए केन्द्रीय एजेंसियों (केन्द्रीय सशस्त्र पुलिस बलों/भारतीय वायु सेना आदि) को सहायता प्रदान की जाती है।

नागरिक कार्रवाई कार्यक्रम—वामपंथी उग्रवाद से प्रभावित क्षेत्रों में नागरिक कार्रवाई कार्यक्रम वैयक्तिक संपर्क के माध्यम से सुरक्षा बलों और स्थानीय लोगों के बीच दूरी को कम करने और स्थानीय लोगों के समक्ष सुरक्षा बलों का मानवीय चेहरा प्रदर्शित करने के लिए 2010-11 से लागू की जा रही है।

मीडिया प्लान—माओवादी मामूली प्रोत्साहनों के माध्यम से अपनी कथित गरीब हितैषी क्रांति के द्वारा अथवा अपनी बल प्रयोग की रणनीति को अपनाकर वामपंथी उग्रवाद से प्रभावित क्षेत्रों में निर्दोष आदिवासियों/स्थानीय लोगों को गुमराह करते रहे हैं तथा उन्हे लुभाते रहे हैं। वे सुरक्षा बलों तथा लोकतांत्रिक व्यवस्था के

बारे में दुष्प्रचार करते हैं। अत: सरकार वामपंथी उग्रवाद से प्रभावित क्षेत्रों में इस योजना को लागू कर रही है। इस योजना के अंतर्गत एनवाईकेएस द्वारा ट्राइबल यूथ एक्सचेंज कार्यक्रम, रेडियो जिंगल्से, डॉक्यूमेंट्रीज, पेम्फ्लेट्स आदि जैसी गतिविधियाँ आयोजित की जा रही हैं।

नक्सलवाद से निपटने की नई नीति

सरकार की नई पॉलिसी में नक्सलवाद से निपटने के लिए नक्सलियों को आत्मसमर्पण करने पर अधिक लाभांश देने का निर्णय किया गया है। सुरक्षा व्यय योजना, जिसकी अवधि 2017 तक थी, केंद्र सरकार ने उसे 2017 में बढ़ाकर 2020 तक कर दिया है। सितंबर, 2017 में सीसीएस ने उच्च रैंक वाले वामपंथी उग्रवादी कैडर और मध्यम एवं निम्न कैडर के आत्मसमर्पण पर उनके पुनर्वास के लिए राज्य सरकारों द्वारा क्रमश: 5 लाख और 2.5 लाख रुपए तक के व्यय का भार वहन करने के प्रावधान को मंजूरी दी। इसके साथ ही आत्मसमर्पण करने वाले कैडरों को व्यापार और व्यवसाय का प्रशिक्षण और 3 वर्षों के लिए मासिक स्तर पर 6 हजार रुपए स्टाइपेंड का भुगतान करने को भी मंजूरी दी गई थी। हथियारों और विस्फोटकों के समर्पण पर भी इंसेंटिव देने का प्रावधान नई स्कीम में है।

नई नीति में वामपंथी उग्रवादी हिंसा के प्रति जीरो टॉलरेंस (शून्य सहिष्णुता) की बात की गई है। पर साथ ही विकास के लाभों को इन क्षेत्रों तक पहुँचाने की नीति पर भी बल दिया गया है। इसके अलावा गृह मंत्रालय के समाधान नामक रणनीति के तहत कुशल नेतृत्व, आक्रामक रणनीति, प्रोत्साहन एवं प्रशिक्षण, कारगर खुफियातंत्र, कार्ययोजना के मानक, कारगर प्रोद्यौगिकी, प्रत्येक रणनीति की कार्ययोजना और नक्सलियों के वित्तपोषण को विफल करने की रणनीति पर ध्यान केंद्रित किया गया है।

इसके साथ ही नई नीति में निम्न बातों पर ध्यान केंद्रित किया गया है।

बायोमेट्रिक समर्थित ड्रोंस और स्मार्ट गन के प्रयोग का प्रचलन।

—वामपंथी उग्रवादियों के हथियारों की छान-बीन के लिए ट्रैकर्स के उपयोग पर बल।

—जिलेटिन स्टिक्स और विस्फोटकों के लिए यूनीक आइडेंटीफिकेशन नंबर की बात।

—सीएपीएफ बटालियनों के लिए कम से कम एक यूएवी (मानव रहित विमानों) और मिनी यूएवी की सुविधा पर बल (माओवादी क्षेत्रों के लिए)

—अभियानों के लिए अधिक हेलीकॉप्टर समर्थन।

—ग्रेहाउंड जैसे विशेष प्रशिक्षित बलों को बढ़ावा देने पर जोर।

—सोलर लाइट, 3 जी कनेक्टिविटी के साथ मोबाइल टॉवर्स और रोड रेल कनेक्टिविटी पर बल।

—वामपंथी उग्रवादी गुटों तक वित्त की पहुँच को रोकने के लिए प्रिवेंशन ऑफ मनी लॉन्ड्रिंग एक्ट की समीक्षा कर उसमें संशोधन करने पर बल।

—अभियानों के लिए ज्वाइंट टास्क फ़ोर्स का गठन और कारगर खुफिया तंत्र पर बल।

—विज्ञान और प्रौद्योगिकी का इस्तेमाल आंतरिक सुरक्षा के लिए करने पर जोर।

—विकास रणनीति के तहत अवसंरचना, शिक्षा, स्वास्थ्य, कौशल विकास और कृषि क्षेत्र में सुधार लाने के उपाय किए गए हैं।

—सड़क, स्कूल, पोस्ट ऑफिस, एटीएम, मोबाइल टॉवर्स, प्राथमिक और द्वितीयक स्वास्थ्य केंद्रों के गठन के जरिए स्थानीय समुदायों में विश्वास बहाली के उपाय।

—भारत सरकार द्वारा लोक अवसंरचना और सेवाओं में कमियों को दूर करने के लिए पिछले तीन वर्षों में 1775 करोड़ रुपए का आवंटन जिसमें से,

—रोड रिक्वायरमेंट प्लान के पहले चरण में वामपंथी उग्रवाद प्रभावित क्षेत्रों में 5422 किलोमीटर लंबी सड़क बनाने का लक्ष्य तय किया गया था, सरकार ने इस लक्ष्य पर जोर देते हुए 4833 किलोमीटर सड़क निर्माण का कार्य पूरा कर लिया है।

—रोड कनेक्टिविटी प्रोजेक्ट के दूसरे चरण के तहत 5065 किलोमीटर सड़क की स्वीकृति दी गई थी और हाल के समय में 1062 किलोमीटर सड़क का निर्माण कार्य पूरा कर लिया गया है।

—वामपंथी उग्रवाद प्रभावित क्षेत्रों में दूरसंचार संपर्क सुविधा को बढ़ावा देने के लिए 2335 मोबाइल टॉवर्स लगाए गए हैं जिससे सुरक्षा संबंधी सूचनाओं तक सुदृढ़ पहुँच सुनिश्चित हो सके।

—वामपंथी उग्रवाद प्रभावित क्षेत्रों में वित्तीय समावेशन के लिए हाल के समय में 1769 पोस्ट ऑफिस खोले गए हैं। इसके अलावा 879 नए बैंक शाखाएँ, 869 एटीएम, 7456 बैंकिंग करेस्पॉन्डेंट पिछले चार वर्षों में स्थापित किए गए हैं। ये सभी 30 सर्वाधिक प्रभावित जिलों में किए गए हैं।

—मल्टी एजेंसी सेंटर और केंद्र स्तरीय और स्टेट मल्टी एजेंसी सेंटर के जरिए आसूचना तंत्र को मजबूती देते हुए, समन्वित स्तर पर माओवाद के प्रभाव को कम किया गया है।

—जगदलपुर, छत्तीसगढ़ और गया, बिहार में इस समस्या से निपटने के लिए ज्वाइंट कमांड एंड कंट्रोल सेंटर का गठन।

—ग्रेहाउंड के तर्ज पर छत्तीसगढ़ में ब्लैक पैंथर फोर्स गठित करने की केंद्रीय गृह मंत्री की घोषणा। नक्सलवाद और माओवाद से निपटने के लिए राज्यों के स्तर

पर विशिष्ट सैन्य कार्यवाही अथवा काउंटर इंसरजेंसी अभियान के भाग के रूप में विशेष बलों का गठन किया जा चुका है जैसे छत्तीसगढ़ में कोया कमांडोज, कोबरा बटालियन, ब्लैक पैंथर फोर्स और आंध्र प्रदेश में ग्रेहाउंड्स।

—वन अधिकारों के संरक्षण की दिशा में कार्य करने का आश्वासन।

इसके अतिरिक्त भारतीय संविधान के पाँचवीं और छठवीं अनुसूची के प्रावधानों का सही ढंग से क्रियान्वयन कर आदिवासी और जनजातीय आकांक्षाओं के साथ न्याय कर ऐसे क्षेत्रों में असंतोष और विद्रोह की भावनाओं को रोका जा सकता है। इसके लिए आदिवासी इलाकों में जिला परिषदों के गठन, स्वायत्त जिला परिषदों के गठन, जनजातीय परामर्शकारी बोर्ड के गठन पर तर्कपूर्ण ढंग से विचार किया जाना आवश्यक है। साथ ही बैकवर्ड रीजन ग्रांट फंड के उचित क्रियान्वयन के जरिए जनजातीय क्षेत्रों में सामाजिक, आर्थिक विकास को बढ़ावा देते हुए आर्थिक पिछड़ेपन को दूर करने के उपाय किए जाने आवश्यक हैं।

वामपंथी उग्रवाद पर समीक्षा बैठक, 2019

नक्सलवाद और माओवाद से निपटने की भारत सरकार की प्रतिबद्धता को एक प्रभावी दिशा देने के उद्देश्य से जुलाई, 2019 में केंद्रीय गृह सचिव राजीव गौबा की अध्यक्षता में वामपंथी उग्रवाद (एलडब्ल्यूई) को लेकर समीक्षा बैठक की गई थी। इस समीक्षा बैठक में निष्कर्ष रूप में कहा गया कि पिछले पाँच वर्षों में वामपंथी उग्रवाद की हिंसा में लगातार कमी आई है और भौगोलिक रूप से भी इसके प्रभावित क्षेत्रों में गिरावट दर्ज की गई है। जब 2018 में वामपंथी उग्रवाद प्रभावित क्षेत्रों को लेकर समीक्षा बैठक हुई थी, उसमें यह पाया गया था कि वामपंथी उग्रवाद का प्रभाव 126 जिलों से कम होकर 82 जिलों तक सिमट गया है लेकिन सावधानी के तौर पर 8 और जिलों को इस सूची में जोड़ लिया गया है। वर्ष 2018 में आठ नए वामपंथी उग्रवाद प्रभावित जिलों का दर्जा जिन्हें मिला है उनमें शामिल हैं—आंध्र प्रदेश का पश्चिमी गोदावरी जिला, छत्तीसगढ़ का कबीरधाम जिला, मध्य प्रदेश का मांडला, ओडिशा का अंगुल और बौध और केरल का मलाप्पुराम, पलक्कड़ और वायनाड। इसके साथ ही यह भी निष्कर्ष सामने आया है कि अब भारत के केवल 11 राज्यों के 90 जिलों में वामपंथी उग्रवाद शेष रह गया है। इसके साथ ही वर्ष 2018 में 44 जिलों को वामपंथी उग्रवाद प्रभावित जिलों की सूची से केंद्र सरकार द्वारा बाहर निकाल दिया गया था।

नवंबर, 2019 में केंद्र सरकार ने नक्सलवाद के प्रसार को बड़े स्तर पर नियंत्रित करने संबंधी महत्त्वपूर्ण रिपोर्ट की चर्चा भारतीय संसद में की थी। भारत सरकार के गृह मंत्रालय ने वामपंथी उग्रवाद और विशेषकर नक्सलवाद से निपटने में मिली

सफलता पर आँकड़ें प्रस्तुत किए हैं। भारत सरकार का मानना है कि ठोस और प्रभावी रणनीति और कार्यवाही के चलते 2014 से अप्रैल 2019 के दौरान इसके पहले के पाँच वर्षों की तुलना में नक्सली हिंसा से जुड़ी घटनाओं में 43 फीसदी तक कमी आई है। गृह मंत्रालय के अनुसार नक्सली हिंसा की दो-तिहाई घटनाएँ सिर्फ 10 जिलों में हुई हैं। दूसरे शब्दों में 2018 में नक्सली हिंसा की सूचना केवल 60 जिलों में सामने आई थी जिसमें से दो तिहाई हिंसा सिर्फ 10 जिलों में हुई। भारत सरकार का अभिमत है कि नीतियों के प्रभावी क्रियान्वयन के कारण नक्सली हिंसा में काफी कमी आई है और इसके भौगोलिक विस्तार में कमी आई है।

2016-19 के बीच नक्सली हिंसा की संख्या 2013-15 की तुलना में क्रमश: 15.8 फीसदी कम रही, जबकि इस कारण होने वाली मौत की संख्या में भी 16.6 फीसदी कमी आई। 2018 में 30 जून तक नक्सली हिंसा में 139 लोगों की मौत हुई जबकि 2019 में इस दौरान 117 मौतें हुई हैं। केंद्र सरकार ने इन आँकड़ों के साथ यह भी कहा है कि सरकार नक्सलवाद से निपटने के लिए एक समग्र नीति लागू कर रही है। इसके तहत नक्सल प्रभावित क्षेत्रों में सुरक्षाबलों की तैनाती करने के साथ ही विकास कार्य किए जा रहे हैं। इसी का परिणाम है कि माओवाद से प्रभावित अब केवल 10 राज्य—छत्तीसगढ़, झारखंड, ओडिशा, पश्चिम बंगाल, बिहार, महाराष्ट्र, तेलंगाना, आंध्र प्रदेश, मध्य प्रदेश और उत्तर प्रदेश हैं जो आंतरिक सुरक्षा के समक्ष चुनौती उत्पन्न करते हैं।

समीक्षा बैठक के दौरान इस समस्या को लेकर विचारों का आदान-प्रदान किया गया। राज्यों की ओर से सुरक्षा के संबंध में उनकी चिंताओं और सुझावों को दर्ज किया गया। वामपंथ उग्रवाद प्रभावित क्षेत्र में तैनात सुरक्षा बलों की कार्य स्थिति में सुधार करने और उन्हें प्रभावी बनाने के लिए मोबाइल कम्युनिकेशन पर भी चर्चा की गई। वामपंथी उग्रवाद 2015 को रेखांकित करने के लिए राष्ट्रीय नीति और कार्य योजना को आगे भी जारी रखने का फैसला किया। केंद्रीय गृह सचिव द्वारा समीक्षा बैठक में राज्य सरकारों और केंद्रीय सुरक्षा बलों के प्रयासों की सराहना की गई। बैठक में इस बात पर भी जोर दिया गया है कि वामपंथी उग्रवाद के खिलाफ कार्रवाई जारी रहनी चाहिए और प्रभावित इलाकों में सुरक्षा के प्रबंध को मजबूत किया जाए। इसके अलावा गृह मंत्रालय ने राज्यों और केंद्रीय सुरक्षा बलों को सभी तरह के जरूरी संसाधनों को मुहैया कराने का आश्वासन इस बैठक के दौरान दिया।

औद्योगिक विकास की असमानताएँ और वामपंथी उग्रवाद

संसाधनों का समतामूलक वितरण और संतुलित विकास सामाजिक आर्थिक न्याय

के लिए अत्यंत आवश्यक है लेकिन भारत के कुछ भागों, विशेषकर मध्य भारत और उत्तर पूर्वी भारत में बड़े उद्योगों के विकास ने जनजातियों और किसानों को विस्थापन का दंश झेलने को विवश किया है। ओडिशा के नियामगिरि पहाड़ियों के पास वेदांता कंपनी द्वारा बॉक्साइट संयंत्र लगाने के चलते डोंगरिया कोंध जनजाति के समक्ष ऐसी ही चुनौतियाँ खड़ी हुई थीं। इसी प्रकार ओडिशा के मलकानगिरी क्षेत्र में सामाजिक आर्थिक विषमता के चलते माओवादी गतिविधियों को बढ़ावा मिला और माओवादियों ने छत्तीसगढ़ के सुकमा जिले के तर्ज पर मलकानगिरी के कलेक्टर का भी अपहरण किया।

भारत में जनजातीय मामलों के मंत्रालय के अनुसार 75 विशेष रूप से अतिसंवेदनशील आदिवासी समूह पाए जाते हैं जो आर्थिक, सामाजिक पिछड़ापन, मातृत्व और शिशु मृत्यु, कुपोषण, अशिक्षा के शिकार हैं। इन जनजातीय समुदायों का मानना है कि अपर्याप्त भूमि सुधार, वित्तीय विकास की मुख्य धारा से न जुड़ना और सामाजिक सुरक्षा के अभाव के लिए सरकार जिम्मेदार है। इसलिए वामपंथी उग्रवाद को इससे बढ़ावा मिला है। पूँजी के संकेंद्रण को खत्म कर एक भेदभाव रहित समाज के लिए एक हिंसक लड़ाई इसी आधार पर लड़ी जा रही है।

भारत सरकार ने वामपंथी उग्रवादी विचारधारा से प्रभावित नागरिकों को सामाजिक, आर्थिक संवृद्धि की मुख्य धारा में फिर से लाने के लिए सुधारक रणनीति के तहत सामाजिक और वित्तीय समावेशन पर बल दिया है। वामपंथी उग्रवाद की समस्याओं का प्रभावी तरीके से समग्र रूप से निराकरण करने के लिए सरकार ने सुरक्षा, विकास, स्थानीय समुदायों के अधिकार और हकदारियाँ सुनिश्चित करने के क्षेत्रों में बहुआयामी रणनीति अपनाते हुए राष्ट्रीय नीति और कार्य योजना तैयार की है। सुरक्षा संबंधी व्यय की योजना के अंतर्गत केन्द्र सरकार वामपंथी उग्रवाद से प्रभावित 11 राज्यों की राज्य सरकारों को सुरक्षा बलों की प्रशिक्षण एवं प्रचालन आवश्यकताओं से संबंधित 90 जिलों के सुरक्षा संबंधी व्यय, वामपंथी उग्रवादी हिंसा में मारे गए नागरिकों/सुरक्षा बल कार्मिकों के परिवारों को अनुग्रह राशि के भुगतान, संबंधित राज्य सरकार की समर्पण एवं पुनर्वास नीति के अनुसार समर्पण करने वाले वामपंथी उग्रवादी कॉडरों को मुआवजे, सामुदायिक पुलिस व्यवस्था, ग्राम रक्षा समितियों के लिए सुरक्षा संबंधी अवसंरचना तथा प्रचार सामग्रियों पर होने वाले व्यय की प्रतिपूर्ति करती है।

वामपंथी उग्रवाद से प्रभावित क्षेत्रों में नागरिक कार्रवाई कार्यक्रम वैयक्तिक संपर्क के माध्यम से सुरक्षा बलों और स्थानीय लोगों के बीच दूरी को कम करने और स्थानीय लोगों के समक्ष सुरक्षा बलों का मानवीय चेहरा प्रदर्शित करने के लिए 2010-11 से लागू की जा रही है। यह योजना अपने लक्ष्य हासिल करने में बहुत सफल रही है। इस योजना के अंतर्गत स्थानीय लोगों के कल्याण हेतु विभिन्न

नागरिक गतिविधियाँ चलाने के लिए वामपंथी उग्रवाद से प्रभावित क्षेत्रों में तैनात केन्द्रीय सशस्त्र पुलिस बलों को निधियाँ जारी की जाती हैं। वामपंथी उग्रवाद से प्रभावित क्षेत्रों के लिए सड़क आवश्यकता योजना 8 राज्यों आंध्र प्रदेश, बिहार, छत्तीसगढ़, झारखंड, मध्य प्रदेश, महाराष्ट्र, ओडिशा और उत्तर प्रदेश के वामपंथी उग्रवाद से प्रभावित 34 जिलों में सड़क संपर्क में सुधार करने के लिए सड़क परिवहन एवं राजमार्ग मंत्रालय द्वारा कार्यान्वित की जा रही है। वामपंथी उग्रवाद से प्रभावित क्षेत्रों में मोबाइल कनेक्टिविटी में सुधार करने के लिए सरकार ने इन क्षेत्रों में 2014 में मोबाइल टॉवर्स लगाए जाने का अनुमोदन किया था।

निष्कर्ष स्वरूप कहा जा सकता है कि भारत सरकार द्वारा वामपंथी उग्रवाद प्रभावित क्षेत्रों में सामाजिक और आर्थिक संवृद्धि के लिए सुधारक रणनीतियों के तहत रोशनी और समाधान नामक नीतियों के जरिए आजीविका सुरक्षा, बैंकिंग शाखाओं, एटीएम, बैंक मित्रों के जरिए वित्तीय समावेशन को बढ़ावा देने का कार्य किया गया है।

वामपंथी उग्रवाद से निपटने की समावेशी रणनीति

वामपंथी उग्रवाद विचारधारा से प्रभावित नागरिकों को सामाजिक, आर्थिक संवृद्धि के मुख्य धारा में लाने की सुधारक रणनीतियों पर भारत सरकार और उसके गृह मंत्रालय ने हाल के समय में विशेष जोर दिया है। वामपंथी उग्रवादी विचारधारा से प्रभावित होकर की जाने वाली नक्सली और माओवादी हिंसक गतिविधियाँ भारत की आंतरिक सुरक्षा के समक्ष एक बड़ा खतरा हैं। शासन तंत्र, पूँजीपति और उद्योगपतियों को संदेह की नजर से देखने वाले नक्सली और माओवादी लोकतांत्रिक रूप से चुनी गई सरकार के खिलाफ अपनी समानांतर सरकार चलाने में विश्वास रखते हैं। वामपंथी उग्रवाद प्रभावित राज्यों और जिलों में बुनियादी सुविधाओं का अभाव, विकास के लाभों का समतामूलक वितरण न होना, गरीबी और बेरोजगारी आदि के चलते उग्रवाद का प्रसार हुआ है। जनजातीय समुदाय में अत्यंत रक्ताल्पता और अन्य बीमारियों से होने वाली मौत, जीविका के साधनों का अभाव, लघु वन उत्पादों के स्वामित्व को छीनने, भूमि स्वामित्व और अधिग्रहण के मामलों के फलस्वरूप उत्पन्न विस्थापन और सामाजिक, आर्थिक बहिष्करण आदि आधारों पर वामपंथी उग्रवादी सरकार की विश्वसनीयता पर प्रश्नचिह्न खड़े करते हैं।

भारत सरकार ने इससे निपटने के लिए इन क्षेत्रों में समावेशी विकास की रणनीति अपनाई है। सबसे पहले इन क्षेत्रों में वित्तीय समावेशन पर बल दिया गया है।

इन क्षेत्रों में डिपार्टमेंट ऑफ पोस्ट्स ने वित्तीय समावेशन के लिए 32 वामपंथी उग्रवाद प्रभावित जिलों में प्रथम चरण में 1788 ब्रांच पोस्ट ऑफिस (142 महाराष्ट्र

में) की स्वीकृति दी है जिसमें से 1484 ब्रांच पोस्ट ऑफिस कार्यशील हो चुके हैं। महाराष्ट्र में सभी स्वीकृत ऑफिस भी प्रचालन में आ चुके हैं। इसके अतिरिक्त डिपार्टमेंट ऑफ फाइनेंशियल सर्विसेज ने वर्ष 2015 से 2018 के अंत तक 30 सर्वाधिक वामपंथी उग्रवाद प्रभावित जिलों में 604 नई बैंक शाखाएँ और 987 एटीएम स्थापित किए हैं जिससे इन क्षेत्रों में वित्तीय सेवाओं और सुविधाओं को बढ़ावा दिया जा सके। इसके अलावा इन क्षेत्रों में रूपे डेबिट कार्ड को निर्गत करने और बैंक मित्रों की उपलब्धता को सुनिश्चित करने की भी सिफारिश की गई है। इसके अलावा नाबार्ड ने भी भारत के अनुसूचित बैंकों को ऐसे क्षेत्रों में बैंक शाखाएँ खोलने में मदद करने और सौर शक्ति वाले वीसैट कनेक्टिविटी देने का भी प्रस्ताव किया है।

सामाजिक समावेशन के तहत इन क्षेत्रों में जीविकोपार्जन के लिए 'रोशनी' नामक स्कीम चलाई गई थी लेकिन भारत सरकार के गृह मंत्रालय ने अब 2018 में 'समाधान' नामक रणनीति बनाई है जिसमें कुशल नेतृत्व, आक्रामक रणनीति, प्रोत्साहन एवं प्रशिक्षण, कारगर खुफियातंत्र, कार्ययोजना के मानक, कारगर प्रौद्योगिकी, प्रत्येक रणनीति की कार्ययोजना और नक्सलियों के वित्तपोषण को विफल करने की रणनीति को शामिल किया गया है।

अध्याय 4

उत्तर पूर्वी भारतीय राज्यों में विप्लवकारी गतिविधियाँ

भारत का पूर्वोत्तर क्षेत्र आठ राज्यों से मिलकर बनता है—अरुणाचल प्रदेश, असम, मणिपुर, मेघालय, मिज़ोरम, नागालैंड, सिक्किम और त्रिपुरा। यह क्षेत्र देश के भौगोलिक क्षेत्र का 8 प्रतिशत है। भारत के पूर्वोत्तर क्षेत्र में अपार प्राकृतिक संसाधन हैं। यहाँ देश के 34 प्रतिशत जल संसाधन हैं और 40 प्रतिशत जलऊर्जा क्षमता है। यह क्षेत्र पूर्व के मुख्य देशों तथा बांग्लादेश एवं म्यांमार जैसे पड़ोसी देशों के निकट होने के कारण कूटनीतिक दृष्टि से महत्त्वपूर्ण है, चूँकि यहाँ से पूर्वी भारत के परंपरागत घरेलू बाजार तक पहुँच बनती है। दक्षिण एशियाई बाजार में सुविधाजनक तरीके से प्रवेश करने के लिए यह क्षेत्र महत्त्वपूर्ण है। अपार संसाधन, उपजाऊ कृषि भूमि और समृद्ध मानव पूँजी—इन सबके साथ यह क्षेत्र देश के सर्वाधिक संपन्न क्षेत्रों में से एक हो सकता है। इसके बावजूद भारत का पूर्वोत्तर क्षेत्र देश के सर्वाधिक पिछड़े क्षेत्रों में से एक है। यहाँ की प्रति व्यक्ति आय सबसे कम है, निजी निवेश की कमी है, पूँजीगत निर्माण का स्तर निम्न है, अवसंरचनागत सुविधाएँ पर्याप्त नहीं हैं, यह क्षेत्र भौगोलिक दृष्टि से अलग-थलग है और उसके खनिज संसाधनों, जल ऊर्जा क्षमता और जैव विविधता का पर्याप्त रूप से प्रयोग नहीं किया गया है।

इन विषम परिस्थितियों के साथ ही यहाँ विभिन्न नृजातीय समुदायों के मध्य अपने पहचान, संस्कृति, सभ्यता को लेकर संघर्ष विद्यमान रहे हैं। खासकर एक उत्तर पूर्वी राज्य से किसी दूसरे उत्तर पूर्वी राज्य में अथवा बांग्लादेश या भूटान, नेपाल जैसे देश से किसी उत्तर पूर्वी राज्य में या फिर किसी उत्तर पूर्वी राज्य के भीतर ही पर्वतीय क्षेत्रों से मैदानी और घाटी क्षेत्रों में आने वाले प्रवासियों, अवैध शरणार्थियों के संबंध में उत्तर पूर्व के राज्य काफी संवेदनशील रहे हैं। स्थानीय संसाधनों पर दबाव न पड़ने देने और रोजगार व्यवसाय के अवसरों पर अपना पहला हक बनाए रखने के उद्देश्य से कई नृजातीय समुदायों द्वारा बाहरियों के विरुद्ध उग्र हिंसक विरोध प्रदर्शन किया जाता रहा है। स्वतंत्र भारत में भी उत्तर

पूर्वी राज्यों में इसी मानसिकता के साथ भारतीय संघ के विरुद्ध अलगाववादी आंदोलनों को बढ़ावा मिला।

नागालैंड में पृथकतावादी आंदोलन

ब्रिटिश उपनिवेशवादी शासन के दौरान ब्रिटेन ने 1826 में असम का अधिग्रहण किया और नागा पहाड़ियाँ वर्ष 1881 में ब्रिटिश भारत का भाग बनीं। वर्ष 1918 में नागाओं ने अपने क्षेत्रीय एकीकरण के उद्देश्य से नागा क्लब का गठन किया और अपने अधिकारों के प्रति जागरुकता बढ़ाई। 1946 में नागा क्लब ने अपने एक राजनीतिक इकाई के रूप में नागा नेशनल काउंसिल का गठन किया जिसका उद्देश्य असम, अरुणाचल, मणिपुर में रहने वाले नागाओं और उनके क्षेत्रों तथा म्यांमार में रहने वाले नागाओं के क्षेत्रों को मिलाकर एक ग्रेटर नागालिम का निर्माण करना था जो ब्रिटिश शासन के बाद भारतीय शासन या भारतीय संघ से पृथक होकर एक नए देश के रूप में स्थापित हो सके। 14 अगस्त, 1947 को नागालैंड ने भारतीय संघ के खिलाफ सशस्त्र संघर्ष की शुरुआत कर दी थी और भारतीय संघ से अलग होने की घोषणा की। नागालैंड ने नागा संप्रभुता और पृथक नागा राष्ट्र की माँग के साथ किसी भी प्रकार का समझौता करने या वार्ता करने से इंकार कर दिया था। अंगामी जाफू फिजो जो कि एक नगा नेता था, ने नगा अलगाववादी आंदोलन को नेतृत्व प्रदान किया। इसे नागा आकांक्षाओं का पिता भी कहा जाता है।

स्वतंत्र भारत में ग्रेटर नगालिम की माँग

नागा अलगाववादियों ने जनमत संग्रह के जरिए भारत से अलग होने का तर्क प्रस्तुत किया और 1952 में स्वतंत्र भारत के प्रथम आम चुनाव का बहिष्कार किया। इसके बाद फिजो ने 1952 में ही नगा फेडरल गवर्नमेंट और नगा फेडरल आर्मी का गठन किया और इन्हीं गुटों के साथ भारत सरकार के नागालैंड के साथ विवाद की शुरुआत हुई। केंद्र सरकार ने इन दोनों को भारतीय एकता और लोकतंत्र के लिए खतरा समझा और नगा उग्रवादी घटनाओं के लिए 1958 में सशस्त्र बल विशेषाधिकार अधिनियम अधिनियमित किया और नगा विद्रोहियों से निपटने के लिए और उत्तर पूर्वी भारत की आंतरिक सुरक्षा के लिए अर्धसैनिक बलों को विशेष और असीमित अधिकार दिए गए। अफस्पा के तहत नागालैंड के विद्रोहियों के खिलाफ की गई कार्यवाही से हिंसा को और बढ़ावा मिला। अर्धसैनिक बलों के जवानों की हत्याएँ भी हुईं लेकिन 1970 के दशक में नगा फेडरल गवर्नमेंट और नगा फेडरल आर्मी दोनों इस बात पर सहमत हो गए कि भारत सरकार के

साथ शिलांग एकॉर्ड पर हस्ताक्षर किया जाए। 1975 में शिलांग एकॉर्ड पर भारत सरकार और इन दोनों नगा गुटों के मध्य हस्ताक्षर हुआ।

एनएससीएन (आईएम) और एनएससीएन (खापलांग) का उदय और नगा अलगाववाद

1980 के दशक में नगा अलगाववादी आंदोलन को एक नई ऊर्जा मिली क्योंकि 1980 में नेशनल सोशलिस्ट काउंसिल ऑफ नागालैंड (इजाक मुइवा) नामक हिंसक अलगाववादी गुट का गठन किया गया। इसके प्रमुख नेताओं में इजाक और मुइवा शामिल थे। इसने नगा विद्रोहियों की पुरानी माँगों को पुनर्जीवित किया और यह माँगें आज भी बनी हुई हैं। इन माँगों में शामिल हैं—

—नागा बाहुल्य वाले इलाकों को मिलाकर ग्रेटर नगालिम का निर्माण करना।

—पृथक नगा संविधान की माँग

—पृथक नगा झंडे की माँग

—पृथक नगा मुद्रा को चलाने की माँग और

—नागालैंड में बाहरी लोगों के प्रवेश पर नियंत्रण।

नेशनल सोशलिस्ट काउंसिल ऑफ नागालैंड (खापलांग) का नगा विद्रोही गुट के रूप में 1988 में गठन हुआ। इसके गठन के साथ ही शिलांग एकॉर्ड को नामंजूर कर दिया गया और इससे उत्तर पूर्वी भारत में फिर से अशांति को बढ़ावा मिला। इन दोनों गुटों में मुख्य अंतर यह है कि जहाँ एक तरफ नेशनल सोशलिस्ट काउंसिल ऑफ नागालैंड (इजाक मुइवा) चीन के साम्यवादी क्रांतिकारी माओवादी मॉडल पर ग्रेटर नागालिम की स्थापना की माँग पर बल देता है वहीं नेशनल सोशलिस्ट काउंसिल ऑफ नागालैंड (खपलांग) नृजातीयता पर आधारित ग्रेटर नागालिम का गठन नगा बाहुल्य वाले इलाकों को जोड़कर करने हेतु विदेशी गठजोड़ पर बल देने की बात करता है। उल्लेखनीय है कि नागालैंड की विधानसभा ने अब तक पाँच बार ग्रेटर नगालिम के प्रस्ताव का समर्थन किया है।

नगा विद्रोहियों और भारत सरकार के मध्य शांति वार्ता

नगा विद्रोहियों और भारत सरकार के बीच शांति वार्ता की नींव दोनों पक्षों के मध्य सैन्य विराम समझौते 1997 में देखी जा सकती है, जब दोनों पक्षों ने युद्ध विराम हेतु हस्ताक्षर किए थे। इस समझौते के तहत नगा विद्रोहियों ने हिंसक गतिविधियों का मार्ग छोड़ने पर सहमति दी थी लेकिन यह समझौता लंबे समय तक नहीं चल सका और पृथकतावादी माँगें फिर से उभरने लगीं। इसी क्रम में अगस्त, 2015 में

केंद्र सरकार ने भारतीय प्रधानमंत्री की अध्यक्षता में नेशनल सोशलिस्ट काउंसिल ऑफ नागालैंड (इसाक मुइवा) के साथ नगा फ्रेमवर्क एग्रीमेंट पर हस्ताक्षर किया। इससे दोनों पक्षों के मध्य शांति वार्ता बढ़ाने का मार्ग प्रशस्त हुआ। वार्ता के मुख्य बिंदुओं में शामिल था—

—सशस्त्र बल विशेषाधिकार अधिनियम के तहत अर्धसैनिक बलों की नागालैंड में तैनाती का मुद्दा।

—पृथक नागा संविधान की माँग का मुद्दा।

—पृथक झंडे की माँग का मुद्दा और

—सीमा पार प्रव्रजन से नागालैंड की जनांकिकी संरचना में आने वाले बदलाव पर चर्चा।

वर्ष 2017 में नगा विद्रोही खापलांग की मृत्यु के बाद खापलांग गुट के प्रभाव में थोड़ी कमी आई थी लेकिन हाल के समय में इस गुट की हिंसक गतिविधियाँ फिर से बढ़ी हैं। हाल के समय में भारत सरकार ने यह तय किया था कि 31 अक्टूबर, 2019 तक नागा शांति वार्ता से कुछ ठोस परिणाम प्राप्त किए जाएँ और एक स्थाई समाधान निकल सके। केंद्र सरकार ने स्पष्ट कर दिया है कि नागालैंड के पृथक झंडे और संविधान की माँग किसी भी स्तर पर स्वीकार्य नहीं है और शांति वार्ता को बंदूक के बल पर नहीं चलाया जा सकता। यही कारण है कि नेशनल सोशलिस्ट काउंसिल ऑफ नागालैंड (इजाक मुइवा) फिर से केंद्र सरकार से कोई समझौता करने के प्रति प्रतिबद्ध नहीं दिख रहा है। उल्लेखनीय है कि नेशनल सोशलिस्ट काउंसिल ऑफ नागालैंड (इजाक मुइवा) ने हाल के समय में इस बात की संभावना पर भी विचार करना शुरू किया है कि यदि केंद्र सरकार उसकी माँगों को नहीं मानती तो वह म्यांमार में हिंसक गतिविधियों को चलाने के लिए शिविरों का गठन करेंगे। उल्लेखनीय है कि मई 2019 में अरुणाचल प्रदेश के विधायक तिरोंग अबोह और 10 अन्य नेताओं की हत्या नेशनल सोशलिस्ट काउंसिल ऑफ नागालैंड (इजाक मुइवा) की कथित संलग्नता के साथ होने की बात सामने आई थी। एबोह इस गुट के कट्टर विरोधी थे और भारत सरकार और इस गुट के मध्य ठोस शांति वार्ता के समर्थक थे।

हाल के समय में नेशनल सोशलिस्ट काउंसिल ऑफ नागालैंड (इजाक मुइवा) ने म्यांमार में रहने वाले विद्रोहियों और उत्तर पूर्वी भारत में रहने वाले विद्रोहियों के साथ मिलकर भारत सरकार और उत्तर-पूर्वी राज्यों के सुरक्षा के समक्ष बड़ी चुनौती उत्पन्न की है। इस गुट ने म्यांमार के टागा क्षेत्र में भारत विरोधी अभियानों को संपन्न करने का काम किया है। नेशनल सोशलिस्ट काउंसिल ऑफ नागालैंड (खापलांग) ने म्यांमार के अराकान साल्वेशन आर्मी के विद्रोहियों और काचिन पृथकतावादियों के साथ मिलकर म्यांमार में भारत की ऊर्जा परियोजनाओं और

विकास परियोजनाओं को निशाना बनाने की योजना बनाई है। यह विद्रोही कलादान मल्टीमॉडल ट्रांसपोर्टेशन प्रोजेक्ट और अन्य संयंत्रों को नष्ट करने की रणनीति बनाते पाए गए हैं। इन सबसे निपटने के लिए म्यांमार और भारत की संयुक्त सेना ने फरवरी-मार्च 2019 में सर्जिकल स्ट्राइक-3 जिसे ऑपरेशन सनराइज भी नाम दिया गया, के माध्यम से नेशनल सोशलिस्ट काउंसिल ऑफ नागालैंड (खापलांग) नगा विद्रोही समूहों और अराकान साल्वेशन आर्मी के टागा स्थित आतंकी शिविरों को नष्ट कर दिया। वर्तमान में नेशनल सोशलिस्ट काउंसिल ऑफ नागालैंड खापलांग ने अपने कैडरों को टागा में कैम्प खोलने और म्यांमार की सेना के खिलाफ जवाबी कार्यवाही के आदेश भी दिए हैं। उन्होंने म्यांमार के कोकी क्षेत्र में भी कैम्प खोलने का निर्णय किया है। इन सब कामों को नेशनल सोशलिस्ट काउंसिल ऑफ नागालैंड (खापलांग) कई उत्तर पूर्वी विद्रोही संगठनों के लिंक के साथ अंजाम दे रहा है, जिसमें उल्फा (आई) एनडीएफबी और केएलओ शामिल हैं।

असम और आंतरिक सुरक्षा के प्रश्न

असम की भौगोलिक स्थिति को देखें तो पता चलता है कि असम की बांग्लादेश के साथ 267.5 किलोमीटर और भूटान के साथ 265.8 किलोमीटर लंबी अंतर्राष्ट्रीय सीमा साझा होती है। इसके साथ ही इसकी सीमाएँ अन्य उत्तर पूर्वी भारतीय राज्यों जैसे अरुणाचल प्रदेश, नागालैंड, मणिपुर, मिज़ोरम, मेघालय, त्रिपुरा और पश्चिम बंगाल से भी लगती हैं। यह उत्तर पूर्वी भारत में भारत के प्रवेश द्वार के रूप में माना जाता है। यह भारत के मुख्य भूमि से 22 किलोमीटर लंबे एक गलियारे, जिसे सिलीगुड़ी गलियारा अथवा चिकेंस नेक के नाम से जानते हैं, से जुड़ा हुआ है। यह गलियारा भारत की मुख्य भूमि से उत्तर पूर्वी भारतीय राज्यों को जोड़ता है।

अंसम में उग्रवादी हिंसा की शुरुआत 1979 में यूनाइटेड लिबरेशन फ्रंट ऑफ असम (उल्फा) के गठन के साथ हुई। उपनिवेशवादी भारतीय सरकार के खिलाफ लड़ाई लड़ने की शपथ और संप्रभु समाजवादी असम के निर्माण के लक्ष्य के साथ 7 अप्रैल 1979 को 6 चरमपंथी उग्रवादी युवाओं ने असम के शिवसागर जिले में इस बात पर सहमति बनाई कि तत्कालीन भारत सरकार असम के समृद्ध चाय, तेल, वन और खनिज संसाधनों आदि का दोहन करना चाहती है और असम के स्थानीय लोगों के हित में कुछ भी नहीं सोचा जा रहा है। इस विद्रोही मानसिकता के लोगों ने बांग्लादेश निर्माण की घटना के बाद आए अवैध प्रवासियों को असमी संस्कृति, भाषा, संसाधन और अर्थव्यवस्था के लिए खतरा समझा और यहीं से असम में विप्लवकारी गतिविधियों की शुरुआत हुई। उल्फा के नेतृत्व में विप्लवकारी गतिविधियों को बढ़ावा मिला। 1980 के दशक में इसमें अप्रत्याशित वृद्धि देखी गई

और उल्फा ने हिंसक गतिविधियों को सक्रिय रूप में नेतृत्व प्रदान किया। उल्फा के विद्रोहियों ने राज्य के चाय बागान के स्वामियों और व्यवसायियों की हत्या और अपहरण करना शुरू किया ताकि उन्हें पर्याप्त मात्रा में फंड मिल सके और वह हथियार खरीद सकें और अपने कैडरों को उच्च प्रशिक्षण के लिए म्यांमार भेज सकें।

1990 में असम में आंतरिक अशांति इस स्तर तक बढ़ गई कि वहाँ राष्ट्रपति शासन लगाना पड़ा और भारतीय सेना को उल्फा विद्रोहियों के खिलाफ दो अभियान चलाने पड़े। पहला 1990 में ऑपरेशन बजरंग और दूसरा 1991 में ऑपरेशन राइनो। इसलिए इन विद्रोहियों को बांग्लादेश में शरण लेना पड़ा। उल्फा के हिंसक शिविर भूटान में भी खोले गए और 2003 में भूटान की सेना ने सैन्य अभियान चलाकर इन शिविरों को नष्ट कर दिया था। उसके बाद उन्होंने म्यांमार से अपने हिंसक गतिविधियों को संचालित किया। वर्ष 2009 में एक महत्त्वपूर्ण रिपोर्ट में स्पष्ट किया गया कि चीन के प्रांत में उल्फा ने अपना बेस स्थापित किया है और परेश बरुआ द्वारा उल्फा को भारत-चीन बॉर्डर से संचालित किया जा रहा है। वर्तमान में उल्फा (आई) को परेश बरुआ के नेतृत्व में असम राज्य में हिंसक गतिविधियों को बढ़ावा देते हुए पाया गया है। असम में विप्लवकारी गतिविधियों को बढ़ावा देने में बोडो समुदाय और कुछ अन्य छात्र संगठनों का भी योगदान रहा है। नेशनल डेमोक्रेटिक फ्रंट ऑफ बोडोलैंड, जो कि 1986 में गठित हुआ था उसने एक पृथक स्वतंत्र देश के निर्माण का लक्ष्य रखा और इस लक्ष्य को प्राप्त करने के लिए हिंसक गतिविधियों को बढ़ावा दिया गया और दि ऑल बोडो स्टूडेंट्स यूनियन का गठन 1993 में किया गया था। इन सब संगठनों की हिंसक गतिविधियों और माँगों के मध्य भारत सरकार और बोडो वॉलिंटियर्स फोर्स के मध्य एक समझौता किया गया लेकिन बोडो वॉलिंटियर्स फोर्स के कुछ सदस्यों ने कुछ समय बाद ही समझौते को अस्वीकार कर पुनः हिंसक संघर्ष को बढ़ावा दिया। जिन विद्रोहियों ने इस समझौते को अस्वीकार किया उन्होंने असमी लोगों की क्षेत्रीय माँगों को बढ़ावा देते हुए 1996 में बोडो लिबरेशन टाइगर्स के गठन के जरिए विप्लवकारी गतिविधियों को बढ़ावा दिया। वर्ष 2000 में बोडो लिबरेशन टाइगर्स ने सरकार के साथ सैन्य विराम समझौते पर हस्ताक्षर किया और बोडो क्षेत्रीय परिषद का गठन किया गया। इसी बीच नेशनल डेमोक्रेटिक फ्रंट ऑफ बोडोलैंड ने भी वर्ष 2004 में एकपक्षीय सैन्य विराम की घोषणा कर दी और भारत सरकार ने असम में विकासात्मक गतिविधियों को बढ़ावा देने की रणनीति अपनाई।

असम में पृथक बोडोलैंड की माँग

बोडो असम का सबसे बड़ा जनजातीय समुदाय है जो असम की कुल जनसंख्या

का 5 से 6 प्रतिशत है। इस समुदाय ने पूर्व में असम के एक बड़े हिस्से पर नियंत्रण रखा था। असम के चार जिले कोकराझार, बक्सा, उदलगुड़ी और चिरांग से मिलकर बोडो टेरिटोरियल एरिया डिस्ट्रिक्ट बना है जहाँ कई नृजातीय समूह निवास करते हैं। 1966-67 में असम में एक राजनीतिक गुट प्लेंस ट्राइबल्स काउंसिल ऑफ असम (पीटीसीए) के तत्वावधान में एक पृथक राज्य बोडोलैंड की माँग की गई थी। वर्ष 1987 में ऑल बोडो स्टूडेंट्स यूनियन ने अपने माँग को संशोधित किया और असम को समान रूप से दो भागों (फिफ्टी-फिफ्टी) में बाँटने की माँग की। असम एकॉर्ड के समय जब असमी लोगों की माँगों के संरक्षण के मुद्दे को संबोधित किया जा रहा था, उस समय बोडो लोगों ने भी अपनी खुद की पहचान के संरक्षण के लिए आंदोलन की शुरुआत करने की रणनीति बनाई थी।

बोडो अलगाववादियों ने समय-समय पर असम में हिंसा, आगजनी, अपहरण, फिरौती की घटनाओं को बढ़ावा दिया। वर्ष 2008 में एनडीएफबी को दो गुटों में विभाजित किया गया था जो थे—एनडीएफबी (पी) और एनडीएफबी (आर)। एनडीएफबी (पी) ने वर्ष 2009 में केंद्र सरकार से वार्ता करनी शुरू कर दी थी। वर्ष 2010 में इस गुट के शीर्ष नेता को बांग्लादेश द्वारा गिरफ्तार कर भारत को सौंप दिया गया था। 2013 के बाद भी इस गुट ने केंद्र सरकार से वार्ता करनी शुरू की थी। इसी दौरान वर्ष 2012 में एनडीएफबी (आर) से पृथक होकर एक नया गुट एनडीएफबी (एस) बना था जिसने असम में वर्ष 2014 में आदिवासियों की हत्याएँ की थी। यह गुट सरकार के साथ वार्ता करने के विरुद्ध था।

उत्तर पूर्वी भारत में ऐतिहासिक बोडो एकॉर्ड, 2020

केंद्रीय गृह मंत्री श्री अमित शाह की उपस्थिति में 50 वर्षों से चले आ रहे बोडो मुद्दे के समाधान के लिये 27 जनवरी, 2020 को समझौता किया गया। इस अवसर पर गृह मंत्री ने कहा कि जिस समस्या के कारण करीब 4 हजार लोगों की जानें गईं, आज उसका एक स्थाई एवं सफल निदान हो गया है। इस दौरान असम के मुख्य मंत्री श्री सर्वानंद सोनोवाल, अध्यक्ष नेडा श्री हिमंता विस्वा सर्मा, बीटीसी (बोडोलैंड क्षेत्रीय परिषद) के मुख्य कार्यकारी सदस्य हग्रामा मोहिलारी, एबीएसयू, यूबीपीओ एनडीएफबी के गोविन्दा बासूमतारी, धीरेन्द्र बोरा, रंजन दाइमारी तथा सरायगारा घटकों के प्रतिनिधि सहित केंद्र सरकार तथा असम सरकार के वरिष्ठ अधिकारी शामिल रहे। इस समझौते के बाद 1500 से अधिक हथियारधारी सदस्य हिंसा का रास्ता छोड़कर मुख्यधारा में शामिल हो जाएँगे। समझौते में भारत सरकार और राज्य सरकार विशेष विकास पैकेज द्वारा 1500 करोड़ रु. असम

में बोडो क्षेत्रों के विकास के लिए विशिष्ट परियोजनाएँ शुरू करना शामिल है। इसके अलावा बोडो आंदोलन में मारे गए लोगों के प्रत्येक परिवार को 5 लाख का मुआवजा दिया जाएगा।

पूर्व में वर्ष 1993 और 2003 के समझौतों से संतुष्ट न होने के कारण बोडो द्वारा और अधिक शक्तियों की माँग लगातार की जाती रही और असम राज्य की क्षेत्रीय अखंडता को बरकरार रखते हुए बोडो संगठनों के साथ उनकी माँगों के लिए एक व्यापक और अंतिम समाधान के लिए बातचीत की गई। मोदी सरकार के सत्ता में आने के बाद अगस्त 2019 से एबीएसयू, एनडीएफबी गुटों और अन्य बोडो संगठनों के साथ दशकों पुराने बोडो आंदोलन को समाप्त करने के लिए व्यापक समाधान तक पहुँचने के लिए गहन विचार-विमर्श भी किया गया।

इस समझौता ज्ञापन का उद्देश्य बीटीसी के क्षेत्र और शक्तियों को बढ़ाने और इसके कामकाज को कारगर बनाना है। इसके साथ बीटीएडी के बाहर रहने वाले बोडो से संबंधित मुद्दों का समाधान तथा बोडो की सामाजिक, सांस्कृतिक, भाषाई और जातीय पहचान को बढ़ावा देना और उनकी रक्षा करना भी है। समझौते के अन्य बिंदुओं में आदिवासियों के भूमि अधिकारों के लिए विधायी सुरक्षा प्रदान करना और जनजातीय क्षेत्रों का त्वरित विकास सुनिश्चित करने के साथ-साथ एनडीएफबी गुटों के सदस्यों का पुनर्वास करना भी शामिल है।

समझौते से संविधान में छठी अनुसूची के अनुच्छेद 14 के तहत एक आयोग का गठन करने का प्रस्ताव है जो बहुसंख्यक गैर-आदिवासी आबादी की बीटीएडी से सटे गाँवों को शामिल करने और बहुसंख्यक आदिवासी आबादी की जाँच करने का काम करेगा। असम सरकार निर्धारित प्रक्रिया के अनुसार बीटीएडी के बाहर बोडो गाँवों के विकास के लिए बोडो-कचारी कल्याण परिषद की स्थापना करेगी। असम सरकार बोडो भाषा को राज्य में सहयोगी आधिकारिक भाषा के रूप में अधिसूचित करेगी और बोडो माध्यम स्कूलों के लिए एक अलग निदेशालय की स्थापना करेगी।

वर्तमान समझौते के तहत नेशनल डेमोक्रेटिक फ्रंट ऑफ बोडोलैंड गुट हिंसा का रास्ता छोड़ने के साथ-साथ आत्मसमर्पण करेंगे और इस समझौते पर हस्ताक्षर करने के एक महीने के भीतर अपने सशस्त्र संगठनों को खत्म कर देंगे। भारत और असम सरकार इस संबंध में निर्धारित नीति के अनुसार एनडीएफबी (पी), एनडीएफबी (आरडी) और एनडीएफबी (एस) के लगभग 1500 से अधिक कैडरों के पुनर्वास के लिए आवश्यक उपाय भी करेगी।

उत्तर पूर्व में इन प्रयासों के जरिए विश्वास घाटे को दूर करके विश्वास निर्माण बहाली के प्रभावी उपाय किए गए हैं, यह उत्तर पूर्वी भारत के समावेशी विकास के दृष्टिकोण से प्रेरित होकर उठाए गए कदम हैं।

असम में पृथक कार्बी राज्य की माँग

कार्बी आंगलांग जिला असम के मध्य भाग में स्थित है और नागालैंड राज्य से इसकी सीमा लगती है, यह गोलाघाट और होजाई और दीमा हसाओ जिलों से भी घिरा है। 1951 में असम में एक यूनाइटेड मिकिर एंड नॉर्थ कछार हिल्स जिला एक नए जिले के रूप में गठित हुआ था। 3 नवंबर, 1951 को गोलाघाट जिला (तत्कालीन सिबसागर) नगाँव, कछार और यूनाइटेड खासी और जयंतिया जिले के भागों के साथ यह जिला बनाया गया था। बाद में मिकिर हिल्स और नॉर्थ कछार जिलों को अलग-अलग जिला बनाया गया। 14 अक्टूबर, 1976 को मिकिर हिल्स जिले को ही कार्बी आंगलांग जिला नाम दिया गया। वर्तमान में यह असम का सबसे बड़ा जिला है। 1990 के दशक में पृथक कार्बी राज्य की माँग के साथ सशस्त्र अतिवाद और विप्लवकारी गतिविधियों की शुरुआत हुई थी। वर्ष 1996 में दो उग्रवादी गुटों कार्बी नेशनल वॉलिंटियर्स और कार्बी पीपुल्स फोर्स का गठन किया गया था।

1999 में ये दोनों गुट एक बैनर पर आए और गुट का एक नाम यूनाइटेड पीपुल्स डेमोक्रेटिक सोलिडैरिटी रखा। इन्होंने पृथक राज्य के नाम पर हिंसा की। 1 अप्रैल, 1995 को कार्बी आंगलांग डिस्ट्रिक्ट काउंसिल को एक उन्नत स्तर प्रदान करते हुए कार्बी आंगलांग स्वायत्त परिषद बनाया गया। भारतीय संविधान के अनुसूची 6 के तहत ऐसा करके कार्बी लोगों की आकांक्षाओं को कुछ हद तक पूरा करने की कोशिश की गई थी।

वर्ष 2002 में इसने भारत सरकार के साथ सैन्य विराम समझौता किया लेकिन इसके वार्ता विरोधी गुट ने कार्बी लोंगरी नॉर्थ कछार हिल्स लिबरेशन फ्रंट का गठन कर पृथक कार्बी प्रदेश की माँग को जारी रखा। 2010 में इस नए संगठन ने भी भारत सरकार के साथ सैन्य विराम समझौता किया और इसके 400 से अधिक कैडरों ने आत्मसमर्पण किया था। इसके बाद भी कार्बी आंगलांग क्षेत्र में केपीएलटी नामक नए संगठन ने उल्फा, एनडीएफबी (एस) और एनएससीएन (इजाक मुइवा) से गठजोड़ कर पृथक कार्बी राज्य की माँग के लिए हिंसक गतिविधियों को जारी रखा।

असम एकॉर्ड और अवैध प्रवासियों का मुद्दा

असम एकॉर्ड के जरिए असम में पृथकतावादी आंदोलन को नियंत्रित करने का प्रयास किया गया था। इस एकॉर्ड की धारा 5 में महत्त्वपूर्ण प्रावधान किया गया है। धारा 5 विदेशियों के मामलों से संबंधित है। इसमें प्रावधान किया गया था कि

विदेशियों की पहचान कर उन्हें असम से हटाने के संबंध में 1 जनवरी, 1966 को आधार तिथि और वर्ष माना जाएगा। 1 जनवरी 1966 से पहले असम में आए सभी व्यक्तियों जिनमें वो नाम भी शामिल थे जिन्होंने 1967 के चुनावों के निर्वाचक नामावली में जगह पाई थी, को असम में ही रहने दिया जाएगा, जबकि 1 जनवरी, 1966 के बाद से 24 मार्च, 1971 तक असम आने वाले विदेशियों की पहचान विदेशी अधिनियम, 1946 और विदेशी (न्यायाधिकरण) आदेश, 1964 के प्रावधानों के अनुरूप की जाएगी। विदेशियों के नाम की पहचान इस प्रकार होने के बाद तत्कालीन लागू निर्वाचक नामावली से नाम हटा दिया जाएगा। और ऐसे व्यक्तियों को अपने संबंधित जिलों के पंजीकरण अधिकारियों के समक्ष अपना पंजीकरण विदेशियों के पंजीकरण अधिनियम, 1939 के प्रावधानों के अनुरूप कराना होगा और इस उद्देश्य के लिए भारत सरकार सरकारी तंत्र के उपयुक्त मजबूती के लिए कदम उठाएगी। इसके अलावा यह प्रावधान भी किया गया कि पहचान (डिटेक्शन) की तिथि से आगे 10 वर्ष की अवधि ख़तम हो जाने पर, ऐसे सभी व्यक्तियों जिनकी पहचान की गई थी और जिनका नाम निर्वाचक नामावली से हटा दिया गया था, को पुनः बहाल कर दिया जाएगा। ऐसे सभी व्यक्तियों को जिन्हें पूर्व में निष्काशित किया गया था लेकिन तब से यदि उन्होंने असम में अवैध तरीके से पुनः प्रवेश किया है, तो उन्हें राज्य से निष्काशित किया जाएगा। ऐसे विदेशी जिन्होंने असम में 25 मार्च, 1971 को या उसके बाद प्रवेश किया है, उनकी पहचान किया जाना, निर्वाचक नामावली से उनका नाम हटाना और उन्हें राज्य से निष्कासित किया जाना कानून के अधीन जारी रहेगा। ऐसे विदेशियों को निष्कासित करने के लिए तत्काल और व्यावहारिक कदम उठाने की बात असम एकॉर्ड के धारा 5 में की गई थी। भारत सरकार आसू और ऑल असम गण संग्राम परिषद् द्वारा अवैध प्रवासियों (न्यायाधिकरण के द्वारा निर्धारण) अधिनियम, 1983 के क्रियान्वयन के संबंध में व्यक्त की गई कुछ कठिनाइयों को ध्यान में रखने का आश्वासन दिया गया था।

धारा 6 में संवैधानिक, विधायी और प्रशासनिक सुरक्षा उपायों का प्रावधान किया गया है। इसमें प्रावधान है कि असमी लोगों के सांस्कृतिक, सामाजिक, भाषायी पहचान और धरोहर के संरक्षण, संवर्धन और उसे बढ़ावा देने के लिए संवैधानिक, भाषाई और प्रशासनिक सुरक्षा उपाय किए जाएँगे। धारा 7 में असम के समग्र आर्थिक विकास और लोगों के जीवन स्तर में सुधार के उपाय करने का प्रावधान किया गया है। इसमें भी विशेष ध्यान राष्ट्रीय संस्थानों की स्थापना के जरिए शिक्षा और विज्ञान प्रौद्योगिकी पर दिया गया है। धारा 8.1 में प्रावधान किया गया है कि सरकार नागरिकता प्रमाणपत्रों को जारी करने की व्यवस्था भविष्य में केवल केंद्र सरकार के प्राधिकारियों के द्वारा करेगी।

धारा 8.2 में प्रावधान किया गया कि आसू या ऑल असम गण संग्राम परिषद् की भारतीय नागरिकता प्रमाणपत्रों को गलत और अनियमित तरीके से जारी करने संबंधी विशेष शिकायतों को ध्यान में रखा जाएगा। धारा 9 में असम से लगी अंतर्राष्ट्रीय सीमाओं की घुसपैठ से सुरक्षा के लिए बाड़बंदी आदि उपायों की बात की गई। स्थल और नदी मार्गों से अंतर्राष्ट्रीय सीमाओं की सुरक्षा बलों के द्वारा निगरानी कार्य को मजबूती देने की बात की गई। घुसपैठ रोकने के लिए पर्याप्त मात्रा में चेक पोस्ट्स बनाने की बात की गई है। धारा 13 में ऑल असम स्टूडेंट्स यूनियन और ऑल असम गण संग्राम परिषद द्वारा असम में विरोध प्रदर्शन को समाप्त कर देश के विकास में सहयोग करने की बात की गई थी। भारत के गृह मंत्रालय को इन सभी प्रावधानों के क्रियान्वयन के लिए नोडल एजेंसी बनाने की बात की गई थी। विदेशी अधिनियम 1946 और विदेशी (न्यायाधिकरण)आदेश 1964 के तहत केवल विदेशी न्यायाधिकरणों को किसी व्यक्ति को विदेशी घोषित करने का अधिकार है।

असम और राष्ट्रीय नागरिक रजिस्टर

एनआरसी यानि राष्ट्रीय नागरिक रजिस्टर बताता है कि कौन भारतीय नागरिक है और कौन नहीं है। जिन लोगों के नाम एनआरसी में शामिल नहीं हैं, वह अवैध नागरिक कहलाए जाएँगे। एनआरसी के हिसाब से 25 मार्च 1971 से पहले असम में रह रहे लोगों को भारतीय नागरिक माना गया है। एनआरसी की प्रक्रिया वस्तुत: असम एकॉर्ड का ही मैंडेट है जिसका क्रियान्वयन सुप्रीम कोर्ट की निगरानी में हो रहा है। असम के राष्ट्रीय नागरिक रजिस्टर (एनआरसी) के दूसरे एवं अंतिम मसौदे को वर्ष 2018 में जारी कर दिया गया था। इसमें कुल 3.29 करोड़ लोगों में से 2.89 करोड़ लोग योग्य पाए गए हैं। इनके अलावा 40 लाख लोगों के वहाँ अवैध रूप से रहने का दावा किया गया है। यह आँकड़े एनआरसी ने सुप्रीम कोर्ट के आदेश के बाद जारी किए हैं। एनआरसी का कहना है कि यह सिर्फ मसौदा है, अंतिम सूची नहीं है। मूलत: एन आर सी की प्रक्रिया देश में अवैध प्रवासियों की पहचान कर असम और उत्तर पूर्वी राज्यों के विविध अधिकारों के संरक्षण के साथ देश की आंतरिक सुरक्षा को भी सुनिश्चित करने का प्रयास है।

मिज़ोरम और आंतरिक सुरक्षा

भारत की आजादी के समय मणिपुर और त्रिपुरा को छोड़कर समूचा उत्तर पूर्वी क्षेत्र असम में शामिल था। राजनीतिक स्वायत्तता के लिए उत्तर पूर्व में माँगें तब

उठनी शुरू हुईं जब गैर असमी लोगों को महसूस हुआ कि असम सरकार उन पर असमी भाषा थोप रही है और इसके चलते विरोध प्रदर्शन और दंगे शुरू हो गए। प्रमुख जनजातीय समुदायों के नेता असम से पृथक होना चाहते थे और इन नेताओं ने ईस्टर्न इंडिया ट्राईबल यूनियन का गठन किया। इसे ही 1960 में ऑल पार्टी हिल लीडर्स कॉन्फ्रेंस के रूप में गठित किया गया। अब उत्तर पूर्वी भारतीय राज्यों ने असम से अलग होकर अपने जनजातीय राज्य के गठन के लिए माँगें शुरू कर दीं। भारत की आजादी के बाद मिजो पर्वतीय क्षेत्र को असम के अंदर ही एक स्वायत्त जिला बना दिया गया था। कुछ मिजो लोगों का मानना था कि वह कभी भी ब्रिटिश भारत के अंग नहीं रहे, इसलिए वे भारतीय संघ से भी नहीं जुड़े हुए हैं।

1959 की मौतम घटना और मिजो अलगाववाद की नींव

1959 में मिज़ोरम में आए भीषण दुर्भिक्ष जिसे मौतम घटना कहा जाता है, ने स्थानीय मिजो लोगों को यह विश्वास दिला दिया कि असम सरकार द्वारा उनकी सुरक्षा और कल्याण संभव नहीं है। इसीलिए 1960 के दशक में मिजो जनजातीय समुदाय ने पृथकतावादी आंदोलन की शुरुआत की। इस आंदोलन को संगठित रूप प्रदान करने के लिए वर्ष 1966 में जनजातीय नेता लालडेंगा के नेतृत्व में मिजो नेशनल फ्रंट का गठन किया गया और इसने भारतीय संघ के खिलाफ सशस्त्र संघर्ष की शुरुआत कर दी। भारतीय सेना और मिजो विद्रोहियों के मध्य अगले दो दशक तक खूनी संघर्ष हुआ और भारतीय सेना ने मिजो विद्रोहियों के दमन के लिए ऑपरेशन जेरिको की शुरुआत की। इस स्थिति में लालडेंगा ने कुछ मिजो लड़ाकों के साथ पूर्वी पाकिस्तान में शरण ली। पाकिस्तान सरकार ने लालडेंगा को हथियार, प्रशिक्षण, वित्तीय सहायता आदि मुहैया कराया और इसके साथ ही चीन ने भी भारत विरोधी मानसिकता के साथ मिजो विद्रोहियों को समर्थन प्रदान किया। इसके बाद लालडेंगा ने भारत वापस आकर भारतीय संघ और सेना के खिलाफ गुरिल्ला युद्ध की शुरुआत कर दी। मिजो विद्रोहियों के खिलाफ भारतीय वायु सेना ने अभियान चलाया था। कालांतर में 1986 में भारतीय प्रधानमंत्री राजीव गांधी और लालडेंगा के मध्य शांति समझौते, जिसे मिजो एकॉर्ड कहते हैं, पर हस्ताक्षर किया गया था और मिजो नेशनल फ्रंट ने अपनी हिंसक गतिविधियों का त्याग कर आत्मसमर्पण किया और मिज़ोरम को पूर्ण राज्य का दर्जा प्रदान किया गया था। इन घटनाओं के बाद भी मिज़ोरम में पृथकतावादी गतिविधियों में समय-समय पर उभार आया और इसमें महत्त्वपूर्ण भूमिका निभाने वाले नृजातीय समुदायों में हमर और ब्रू समुदाय शामिल थे। नेशनल लिबरेशन फ्रंट ऑफ त्रिपुरा ने ब्रू विद्रोहियों के साथ मिलकर मिज़ोरम में हत्या, अपहरण, फिरौती आदि घटनाओं को अंजाम

दिया। भारत सरकार ने विप्लवकारी गतिविधियों से निपटने के लिए मिज़ोरम को कई विकासात्मक योजनाओं से जोड़ने की रणनीति बनाई और सुरक्षा व्यवस्था को बढ़ावा देने के लिए भारत और जापान ने 19 अक्टूबर 2019 को मिज़ोरम में ऑपरेशन धर्म गार्जियन को भी संपन्न किया।

मिज़ोरम में नृजातीय पहचान के विषय पर संघर्ष

उत्तर पूर्वी भारतीय राज्यों के लिए नृजातीय समुदायों के अधिवास की समस्या एक बड़ी चुनौती के रूप में रही है। अंतर नृजातीय संघर्ष और उससे उभरी हिंसा ने उत्तर पूर्व के शांति, सुरक्षा और स्थिरता को कई अवसरों पर छिन्न-भिन्न किया है। जिस तरह जम्मू और काश्मीर भारत का अभिन्न अंग है ठीक वैसे ही उत्तर पूर्वी भारतीय राज्य भी भारत के अभिन्न अंग हैं। उत्तर पूर्वी भारतीय राज्यों में विप्लवकारी समूहों द्वारा जिस तरह से भारतीय संघ को चुनौती देते हुए उससे बाहर निकलने के लिए पृथकतावादी आंदोलन चलाए गए हैं, उसने न केवल उत्तर पूर्वी भारत में आंतरिक अशांति को पैदा किया है बल्कि भारतीय संप्रभुता और अखंडता पर भी उँगली उठाई है। हाल के समय में उत्तर पूर्वी भारत में ब्रू और मिजो जनजातियों के मध्य तनाव, नगा विद्रोहियों द्वारा एक पृथक संविधान और झंडे की माँग पर बगावत जारी रखने, त्रिपुरा में तिरपालैंड और बंगालिस्तान की माँग, नेशनल लिबरेशन फ्रंट ऑफ त्रिपुरा और आल त्रिपुरा टाइगर फोर्स की हिंसक गतिविधियों का पुनः उभरना, नागालैंड के नेशनल सोशलिस्ट काउंसिल ऑफ नागालैंड (इजाक मुइवा) और नेशनल सोशलिस्ट काउंसिल ऑफ नागालैंड (खपलांग) द्वारा असम, अरुणाचल प्रदेश और म्यांमार में भारत विरोधी हिंसक गतिविधियाँ चलाना आदि न जाने कितने उदाहरण हैं जिनसे यह सिद्ध होता है कि कई उत्तर पूर्वी राज्यों के सक्रिय विरोधी गुटों में साझे संप्रभुता की मानसिकता काम कर रही है। इस मानसिकता को तोड़ने के लिए भारत सरकार को प्रभावी उपाय करने होंगे और हाल में भारत सरकार ने ऐसे कुछ कदम उठाए भी हैं जिनसे पता चलता है कि उत्तर पूर्वी भारत की सुरक्षा और विकास को लेकर सरकार संवेदनशील हुई है। इसका ताजातरीन उदाहरण त्रिपुरा और मिज़ोरम के बीच दो दशकों से चलने वाले ब्रू अथवा रेयांग जनजाति के विवाद के स्थाई समाधान के लिए केंद्र सरकार के द्वारा किए गए ऐतिहासिक समझौते में देखा जा सकता है। केन्द्रीय गृह मंत्री की अध्यक्षता में 16 जनवरी, 2020 को नई दिल्ली में भारत सरकार, त्रिपुरा और मिज़ोरम सरकार और ब्रू-रियांग प्रतिनिधियों के बीच एक समझौते पर हस्ताक्षर किए गए थे। इस नए समझौते से करीब 23 वर्षों से चल रही इस बड़ी मानव समस्या का स्थायी समाधान खोजने की कोशिश की गई थी

और करीब 37 हजार ब्रू अथवा रेयांग व्यक्तियों को त्रिपुरा में बसाने की योजना बनाई गई थी। इस समझौते में मिज़ोरम और त्रिपुरा के मुख्यमंत्री के अलावा नॉर्थ ईस्ट डेमोक्रेटिक अलायंस के अध्यक्ष, दि इंडिजीनस प्रोग्रेसिव रीजनल अलायंस के अध्यक्ष और ब्रू प्रतिनिधि भी शामिल थे। केंद्रीय गृह मंत्री ने स्पष्ट किया था कि भारत सरकार ने लंबे समय से हजारों की संख्या में प्रताड़ित व्यक्तियों को पुनः बसाने का स्थायी समाधान निकाल लिया है। इस समझौते के अंतर्गत ब्रू-रियांग को पुनर्स्थापित करने के लिए त्रिपुरा और मिज़ोरम राज्य सरकारों व ब्रू-रियांग प्रतिनिधियों से विचार-विमर्श कर एक नई व्यवस्था बनाने का फैसला किया गया था जिसके अंतर्गत वे सभी ब्रू-रियांग परिवार जो त्रिपुरा में ही बसना चाहते हैं, उनके लिए त्रिपुरा में ही व्यवस्था करने का फैसला लिया गया था। इन सभी लोगों को त्रिपुरा राज्य के नागरिकों के सभी अधिकार दिये जाएँगे और वे केंद्र व राज्य सरकारों की सभी कल्याणकारी योजनाओं का लाभ उठा सकेंगे। ऐसा माना गया था कि इस नए समझौते के बाद ये ब्रू-रियांग परिवार अपना सर्वांगीण विकास करने में समर्थ होंगे। इस नए समझौते को करने के लिए भारत सरकार को त्रिपुरा व मिज़ोरम सरकारों, ब्रू-रियांग प्रतिनिधियों का पूरा समर्थन भी मिला था।

नई व्यवस्था के तहत ब्रू-रियांग जनजातियों के लिए सुविधाएँ प्रदान करने की बात की गई थी। नई व्यवस्था के अंतर्गत भारत सरकार द्वारा ब्रू विस्थापित परिवारों को 40X30 फुट का आवासीय प्लॉट देने और उनकी आर्थिक सहायता के लिए प्रत्येक परिवार को, पहले समझौते के अनुसार 4 लाख रुपये फ़िक्स्ड डिपॉज़िट में, दो साल तक 5 हजार रुपये प्रतिमाह नकद सहायता, दो साल तक फ्री राशन व मकान बनाने के लिए 1.5 लाख रुपये देने का प्रावधान किया गया था। इस नई व्यवस्था के लिए त्रिपुरा सरकार भूमि की व्यवस्था करने पर सहमत हुई थी। भारत सरकार, त्रिपुरा, मिज़ोरम सरकार और ब्रू-रियांग प्रतिनिधियों के बीच यह नया समझौता हुआ जिसमें करीब 600 करोड़ रुपये की सहायता केंद्र सरकार द्वारा दिए जाने की बात की गई थी।

ब्रू-रियांग जनजाति की मूल समस्या की पृष्ठभूमि

ब्रू जनजाति अथवा रियांग जनजाति समुदाय मिज़ोरम का सबसे बड़ा अल्पसंख्यक आदिवासी समूह है। इस जनजातीय समूह के सदस्य म्यांमार के शान प्रांत के पहाड़ी इलाके के मूल निवासी हैं जो कुछ-कुछ सदियों पहले म्यांमार से आकर मिज़ोरम में बसे थे। मिज़ोरम की बहुसंख्यक जनजाति मिज़ो इन्हें 'बाहरी' कहती है। ब्रू जनजातियों को रियांग भी कहा जाता है। गृह मंत्रालय ने चेंचू, बोडो, गरबा, असुर, कोतवाल, बैगा, बोंदो, मारम नागा, सौरा जैसे जिन 75 जनजातीय समूहों

को विशेष रूप से कमज़ोर जनजातीय समूहों (पीवीटीजी) के रूप में वर्गीकृत किया है, रियांग उनमें से एक हैं। ये 75 जनजातीय समूह देश के 18 राज्यों और अण्डमान, निकोबार द्वीप समूह क्षेत्र में रहते हैं। त्रिपुरा और मिज़ोरम के अलावा इस जनजाति के सदस्य असम और मणिपुर में भी रहते हैं। इनकी बोली रियांग है जो तिब्बत-म्यांमार की कोकबोरोक भाषा परिवार का अंग है। रियांग बोली में 'ब्रू' का अर्थ 'मानव' होता है। पूर्वोत्तर की अन्य जनजातियों की तरह रियांग जनजाति के लोगों की शक्ल भी मंगोलों से मिलती-जुलती है। त्रिपुरी के बाद यह त्रिपुरा की दूसरी सबसे बड़ी जनजाति है। रियांग जनजाति मुख्यत: दो बड़े गुटों में विभाजित है—मेस्का और मोलसोई।

1995 में यंग मिजो एसोसिएशन और मिजो स्टूडेंट्स एसोसिएशन ने ब्रू जनजाति को बाहरी घोषित कर दिया था। इन संगठनों ने राज्य की चुनावी भागीदारी में ब्रू समुदाय के लोगों की मौजूदगी का विरोध किया। 1996 में ब्रू समुदाय और बहुसंख्यक मिजो समुदाय के मध्य स्वायत्त जिला परिषद के मुद्दे पर खूनी संघर्ष हुआ और मिज़ोरम के डंपा टाइगर रिजर्व में एक मिजो वन अधिकारी की हत्या के बाद वहाँ मिजो और ब्रू के बीच भीषण नृजातीय संघर्ष और तनाव शुरू हो गया और अक्तूबर 1997 में ब्रू जनजाति ने पलायन कर त्रिपुरा में शरण ले ली थी। त्रिपुरा में ये कैंपों में रह रहे हैं। त्रिपुरा लगातार यह कोशिशें करता रहा कि ब्रू वापस मिज़ोरम लौटें। केंद्र सरकार के साथ मिलकर इस मसले को सुलझाने की कोशिशें की गईं। वर्ष 1997 में जातीय तनाव के कारण करीब 5,000 ब्रू-रियांग परिवारों ने, जिसमें 37,000 से अधिक ब्रू-रियांग जनजातीय लोग शामिल थे, मिज़ोरम से त्रिपुरा में शरण ली जिनको वहाँ कंचनपुर, उत्तरी त्रिपुरा में अस्थायी शिविरों में रखा गया। ये कोलासिब और मामित जिलों में भी रहे।

वर्ष 2010 से भारत सरकार लगातार प्रयास करती रही है कि इन ब्रू-रियांग परिवारों को स्थायी रूप से बसाया जाए। वर्ष 2014 तक विभिन्न बैचों में 1622 ब्रू-रियांग परिवार मिज़ोरम वापस गए। ब्रू-रियांग विस्थापित परिवारों की देखभाल व पुनर्स्थापन के लिए भारत सरकार त्रिपुरा व मिज़ोरम सरकारों की सहायता करती रही है। 3 जुलाई, 2018 को भारत सरकार, मिज़ोरम व त्रिपुरा सरकार व ब्रू-रियांग प्रतिनिधियों के बीच एक समझौता हुआ था जिसके उपरान्त ब्रू-रियांग परिवारों को दी जाने वाली सहायता में काफी बढ़ोतरी की गई। समझौते के उपरान्त वर्ष 2018-19 में 328 परिवार, जिसमें 1369 व्यक्ति थे, त्रिपुरा से मिज़ोरम इस नए समझौते के तहत वापस गए। अधिकांश ब्रू-रियांग परिवारों की यह माँग थी कि उन्हें सुरक्षा की आशंकाओं को ध्यान में रखते हुए त्रिपुरा में ही बसा दिया जाए।

वस्तुत: उत्तर पूर्वी भारत में किसी भी प्रकार का नृजातीय संघर्ष और हिंसा पृथकतावादी गतिविधियों को बढ़ावा दे सकती है। म्यांमार और उसके आस-पास

के क्षेत्र के विद्रोही और बगावती समूह उत्तर पूर्वी भारत के विप्लवकारियों से गठजोड़ कर भारत विरोधी षड़यंत्र कर सकते हैं। इसलिए भारत सरकार और राज्य सरकारों को एथेनिक मुद्दों से प्रभावी और मानवीय संवेदनाओं के आधार पर निपटने की जरूरत है। अंतर्राज्यीय विवादों को बढ़ावा न मिले, इसके लिए उत्तर पूर्वी भारत के नृजातीय समुदायों में सरकार के प्रति विश्वसनीयता के भाव बढ़ाने के लिए विकास कार्यों की नई पटकथा लिखने की जरूरत है।

त्रिपुरा में आंतरिक सुरक्षा और उग्रवाद

त्रिपुरा एक स्थलरुद्ध पर्वतीय प्रदेश है जो उत्तर पश्चिम और दक्षिण तीन तरफ से बांग्लादेश से घिरा हुआ है। त्रिपुरा की बांग्लादेश से 856 किलोमीटर लंबी अंतर्राष्ट्रीय सीमा साझा होती है। त्रिपुरा में उग्रवाद की नींव को 1960 के दशक की घटनाओं में देखा जा सकता है, जब त्रिपुरा के कुछ जनजातीय नेताओं ने त्रिपुरा के स्थानीय लोगों के अधिकारों और उनकी सहायता के लिए हिंसक गतिविधियों का सहारा लेना उचित समझा। इसी क्रम में 1967 में त्रिपुरा उपजाति जूबा समिति का गठन किया गया जिसने क्षेत्रवादी मानसिकता को बढ़ावा दिया इसके बाद 1978 में त्रिपुरा नेशनल वॉलिंटियर्स का गठन किया गया जो त्रिपुरा के स्थानीय लोगों के अधिकारों के लिए पृथकतावादी भावना भड़काने में सक्रिय रहा। त्रिपुरा में उग्रवादी गतिविधियों को अधिक हिंसक बनाने में नेशनल लिबरेशन फ्रंट ऑफ त्रिपुरा की प्रमुख भूमिका रही और इसके दो सशस्त्र गुटों दि नेशनल होली आर्मी और ऑल त्रिपुरा टाइगर फोर्स का गठन 1990 में हुआ। इन संगठनों ने त्रिपुरा में अलगाववादी आंदोलनों को बढ़ावा देते हुए भारतीय संघ के समक्ष चुनौती पेश की। नेशनल होली आर्मी और ऑल त्रिपुरा टाइगर फोर्स ने पृथकतावादी एजेंडे को बढ़ावा देते हुए त्रिपुरा के भारतीय संघ में विलय के समझौते को विवादित करार दिया और त्रिपुरा की संप्रभुता की माँग की। साथ ही इनकी माँग थी कि त्रिपुरा से अवैध प्रवासियों को बाहर निकाला जाए। इन संगठनों ने माँग किया कि त्रिपुरा भूमि सुधार अधिनियम, 1960 के तहत भूमि अधिकारों की पुनर्बहाली की जाए।

1990 से 1995 के मध्य त्रिपुरा में उग्रवादी हिंसा अपेक्षाकृत कम देखी गई। 1996 से 2000 के मध्य उग्रवादी हिंसा व्यापक स्तर पर देखी गई। इसके पीछे कारण थे :

—उग्रवादियों और विद्रोहियों को बांग्लादेश में खासकर चटगाँव पहाड़ी क्षेत्र में शरण मिलना।

—इन्हें बांग्लादेश से आवश्यक उपकरण, वित्तीय मदद और प्रशिक्षण मिलना।

—पाकिस्तान के आईएसआई के समर्थन से बांग्लादेशी चरमपंथियों द्वारा त्रिपुरा

के विद्रोहियों को उत्तर पूर्वी भारत में अशांति फैलाने के लिए सहयोग देना और

—चटगाँव पहाड़ियों के क्षेत्र में प्रशिक्षण शिविरों की स्थापना।

इन विद्रोहियों ने बड़े नेताओं और व्यवसायियों का अपहरण कर फिरौती के जरिए धन एकत्रित किया। जनता पर टैक्स लगाकर इसे वसूलने का भी अवैधानिक कार्य किया। इन संगठनों की इन्हीं सभी गतिविधियों को देखते हुए भारत सरकार ने अवैधानिक क्रियाकलाप रोकथाम अधिनियम, 1967 के तहत नेशनल लिबरेशन फ्रंट ऑफ त्रिपुरा को अवैधानिक और प्रतिबंधित संगठन घोषित कर दिया था क्योंकि एनएलएफटी को त्रिपुरा में अलगाववादी आंदोलन को बढ़ावा देने का मुख्य संगठन समझा गया। इसका मुख्य उद्देश्य त्रिपुरा को भारतीय संघ से स्वतंत्रता दिलाना और उन सभी विदेशियों को जो 1956 में या उसके बाद त्रिपुरा में आए थे, उन्हें त्रिपुरा से बाहर निकालना था। जनजातीय भूमि स्वामित्व के अधिकारों पर बल और अपनी माँगों की प्राप्ति के लिए त्रिपुरा के सशस्त्र विद्रोहियों ने नेशनल सोशलिस्ट काउंसिल ऑफ नागालैंड (इसाक मुइवा) और नेशनल डेमोक्रेटिक फ्रंट ऑफ बोडोलैंड तथा नेशनल डेवलपमेंट फोर्स ऑफ मिज़ोरम से गठजोड़ करके भारत सरकार और त्रिपुरा सरकार पर दबाव डाला। उन्होंने माँग की कि 1956 के बाद आने वाले अवैध प्रवासियों का नाम त्रिपुरा में निर्वाचक नामावली से हटाया जाए।

त्रिपुरा के अन्य संगठनों ने भी त्रिपुरा में स्वायत्त जिला परिषद के गठन की माँग की और उनकी हिंसक गतिविधियों ने देश और खासकर उत्तर पूर्वी भारत की आंतरिक सुरक्षा के लिए खतरा पैदा किया। भारतीय संविधान के छठवीं अनुसूची के तहत त्रिपुरा के वैध अधिकारों को सुनिश्चित करने की माँग की गई और कोकबोराक भाषा को आधिकारिक भाषा का दर्जा दिए जाने की माँग भी त्रिपुरा के जनजातीय समुदायों ने की और इस प्रकार ऐसी सभी माँगों के जरिए समय-समय पर भारत सरकार और राज्य सरकार पर दबाव बनाया गया।

भारत सरकार ने जब त्रिपुरा में संगठित जनजातीय उग्रवाद को बढ़ावा मिलते देखा तो 1988 में भारत सरकार, त्रिपुरा सरकार और त्रिपुरा नेशनल वॉलिंटियर्स के बीच एक त्रिपक्षीय समझौता (एकॉर्ड) संपन्न किया गया था जिसके तहत त्रिपुरा नेशनल वॉलिंटियर्स के 447 कार्यकर्ताओं ने सरकार के समक्ष हथियार और गोला-बारूद के साथ आत्मसमर्पण कर दिया था। भारत सरकार ने नेशनल लिबरेशन फ्रंट ऑफ त्रिपुरा और ऑल त्रिपुरा टाइगर फोर्स के खिलाफ जिस आक्रामक रणनीति को अपनाया उसके चलते इन गुटों ने भी कालांतर में आत्मसमर्पण कर दिया था। त्रिपुरा के मुख्यमंत्री माणिक सरकार के नेतृत्व में एक बहुआयामी रणनीति के जरिए उग्रवादी गुटों से निपटा गया। इस बहुआयामी रणनीति के मुख्य अंग हैं :

—उग्रवाद विरोधी अभियान (काउंटर इंसरजेंसी ऑपरेशंस)।

—विश्वास निर्माण बहाली के उपायों पर बल।

—सुरक्षा बलों द्वारा सिविक एक्शन प्रोग्राम चलाया जाना।

—मीडिया का उचित प्रबंधन।

—स्पेशल पुलिस अधिकारियों की तैनाती जिसमें उग्रवाद से निपटने के लिए जनजातीय पुलिस अधिकारियों की भी तैनाती की गई।

—उग्रवादियों के आत्मसमर्पण पर उन्हें पुनर्वास पैकेज के तहत मौद्रिक लाभ और व्यवसायिक प्रशिक्षण पर बल दिया गया तथा

जनजातीय लोगों तक बुनियादी सुविधाओं जैसे रूरल कनेक्टिविटी, स्वच्छता, पेयजल, प्राथमिक स्वास्थ्य और शिक्षा आदि सुविधाओं को उपलब्ध कराने पर विशेष जोर दिया गया।

मेघालय और आंतरिक सुरक्षा

मेघालय की सीमा असम के गोलापारा, कामरूप और कार्बी आंगलोंग जिलों से उत्तर में और कछार और उत्तरी कछार जिलों से पूर्व की दिशा में लगी हुई है। यह बांग्लादेश के साथ दक्षिण और पश्चिम दिशा में 431 किलोमीटर लंबी सीमा साझा करता है। बांग्लादेश और मेघालय की अंतर्राष्ट्रीय सीमा अत्यंत संकीर्ण होने के चलते आंतरिक सुरक्षा के समक्ष चुनौतियों का उपस्थित होना स्वाभाविक है। मेघालय को असम से पृथक कर 1970 में एक राज्य बनाया गया था और 1972 में इसे पूर्ण राज्य का दर्जा दिया गया था।

मेघालय में उग्रवादी अथवा विप्लवकारी गतिविधियाँ

1980 के दशक में मेघालय में उग्रवादी गतिविधियों में वृद्धि देखी गई। यहाँ के स्थानीय जनजातियों ने डकार (विदेशी लोगों के लिए प्रयुक्त शब्द) लोगों के सामाजिक, आर्थिक और राजनीतिक प्रभुत्व को अस्वीकार करते हुए एक उग्रवादी संगठन एचएएलसी का गठन किया था। इस संगठन ने अपने संप्रभु राज्य की धारणा पर बल दिया और विद्रोहियों द्वारा भड़काए जाने पर पृथकतावादी गतिविधियों में भी संलग्न होना शुरू कर दिया। 1992 में एचएएलसी में फूट पड़ गई क्योंकि यह उग्रवादी गुट केवल खासी और जयंतियाँ हितों पर ही जोर दे रहा था और इसके चलते गारो हितों का प्रश्न उठ खड़ा हुआ। यही कारण है कि मेघालय में एएमएलए (अचिक मातग्रिक लिबरेशन आर्मी) का गठन हुआ और इसने गारो हितों का प्रतिनिधित्व करना शुरू किया।

एक तरफ जहाँ एचएएलसी का प्रमुख उद्देश्य मेघालय को खासी जनजाति प्रभुत्व वाले राज्य के रूप में मजबूती देना था, वहीं दूसरी तरफ आचिक नेशनल

वॉलिंटियर्स काउंसिल (एएनवीसी) का उद्देश्य गारो पर्वतीय क्षेत्रों को मिलाकर एक आचिक होमलैंड का निर्माण करना था। इस संगठन ने हिंसा को बढ़ावा देते हुए मेघालय में कानून और व्यवस्था को चुनौती दी। इसी कारण भारत सरकार, मेघालय सरकार, और एएनवीसी के मध्य एक त्रिस्तरीय समझौता वर्ष 2004 में किया गया था। इसके पूर्व ही भारत सरकार के गृह मंत्रालय ने अवैधानिक क्रियाकलाप निरोधक अधिनियम, 1967 के तहत एएनवीसी को एक अवैधानिक और प्रतिबंधित संगठन घोषित किया था।

शांति स्थापना के एक अन्य प्रमुख प्रयास के तहत वर्ष 2014 में भारत सरकार, मेघालय सरकार और एएनवीसी (बी) के मध्य एक त्रिस्तरीय समझौता हुआ जिसमें विद्रोहियों ने हिंसा छोड़ने की बात की।

मेघालय में पृथक गारोलैंड की माँग और हिंसा

वर्ष 2009 में मेघालय में पृथकतावादी आंदोलन को बढ़ावा मिला जब उसी वर्ष गारो नेशनल लिबरेशन आर्मी का गठन हुआ। इसने हिंसक पद्धतियों के जरिए स्वायत्त राज्य की माँग का आंदोलन चलाया।

मेघालय के पश्चिमी भाग में एक पृथक गारोलैंड का निर्माण इसका मुख्य लक्ष्य था। यह उग्रवादी समूह गारो क्षेत्र, असम के गोलपारा और कामरूप जिलों में सक्रिय होकर कार्य करता है। भारत सरकार ने वर्ष 2012 में जीएनएलए को आतंकी और अवैधानिक संगठन घोषित किया था क्योंकि इस पर हत्या, तस्करी, फिरौती, अपहरण और भारत विरोधी तत्वों के साथ गठजोड़ का आरोप था।

अरुणाचल प्रदेश में विप्लवकारी गतिविधियाँ

अरुणाचल प्रदेश में राज्य का स्वयं का कोई उग्रवादी समूह नहीं है जो भारतीय संघ से पृथकता की बात करता हो, लेकिन म्यांमार के साथ इसकी भौगोलिक सीमा का लगा होना और नागालैंड के कुछ जिलों के साथ इसकी नृजातीय समानताओं का होना और असम तथा नागालैंड के कुछ विद्रोही समूहों की अरुणाचल प्रदेश में सक्रियता आदि कारकों ने अरुणाचल प्रदेश में उग्रवादी गतिविधियों के लिए पृष्ठभूमि निर्मित किया है। इस राज्य पर नेशनल सोशलिस्ट काउंसिल आफ नागालैंड (इसाक मुइवा) और नेशनल सोशलिस्ट काउंसिल ऑफ नागालैंड (खापलांग) से जुड़े विद्रोहियों की हिंसक गतिविधियों का साक्ष्य मिलता रहा है। इन संगठनों ने अरुणाचल प्रदेश के जिलों तिरप, चांगलांग और लॉन्गडिंग, जिनकी सीमा म्यांमार से लगती है, में उग्रवादी हिंसा को बढ़ावा देने का काम नियमित अंतराल पर किया

है। एनएससीएन (आईएम) और एनएससीएन (के) इन तीनों जिलों को अपने प्रभाव क्षेत्र में बनाए रखना चाहते हैं जिसके पीछे प्रमुख कारण यह है कि नागालैंड के विप्लवकारी समूह जिस ग्रेटर नागालिम के निर्माण की बात करते हैं, उसे जिन क्षेत्रों को जोड़ कर बनाने का वो प्रस्ताव करते हैं, उसमें अरुणाचल प्रदेश, मणिपुर के नागा अधिवास वाले क्षेत्र और म्यांमार के नागा जनजाति वाले इलाके शामिल हैं।

अरुणाचल प्रदेश में उग्रवादी अथवा विप्लवकारी गतिविधियों को भारत सरकार का गृह मंत्रालय दूसरे उत्तर पूर्वी राज्यों के उग्रवादी समूहों के गठजोड़ का परिणाम मानकर इसे स्पिल ओवर इफेक्ट की संज्ञा देता है। मुख्य रूप में नागालैंड के उग्रवादी समूह इसके लिए जिम्मेदार हैं लेकिन साथ ही वर्तमान समय में असम स्थित उग्रवादी संगठन नेशनल डेमोक्रेटिक फ्रंट ऑफ बोडोलैंड (एस) और उल्फा (आई) के कैडर भी हिंसक कार्यवाही के लिए अरुणाचल प्रदेश में सक्रिय हैं। ये उग्रवादी यहाँ शरण लेते हैं और इसे म्यांमार के संदर्भ में पारगमन मार्ग (ट्रांजिट रूट) के रूप में इस्तेमाल करते हैं।

अरुणाचल प्रदेश में आंतरिक सुरक्षा की वर्तमान स्थिति

संसदीय स्थायी समिति रिपोर्ट, 2018 के अनुसार अरुणाचल प्रदेश में विप्लवकारी समूहों की हिंसक गतिविधियों में वृद्धि हुई है जबकि अन्य राज्यों में इसमें कमी देखी गई है। वर्ष 2012 में जहाँ विप्लवकारी समूहों की गतिविधियाँ 5 प्रतिशत थीं वहीं 2017 में 20 प्रतिशत हो गईं। इसका कारण अन्य उत्तर पूर्वी राज्यों और अरुणाचल प्रदेश के सीमा साझा करने वाले देश के विद्रोही समूहों का अरुणाचल प्रदेश में सक्रिय होना है। इन विप्लवकारी समूहों ने अरुणाचल प्रदेश के उपरोक्त तीन जिलों को प्रशिक्षण, भर्ती, वित्तपोषण, शरण, शिविरों के गठन और शरण स्थल के रूप में प्रयुक्त किया है। इसके अलावा कुछ स्थानीय छात्र समूह ने भी अपनी माँगों के जरिए कानून व्यवस्था के समक्ष चुनौती प्रस्तुत की है, जैसे अरुणाचल प्रदेश स्टूडेंट यूनियन (आप्सू) ने 19 नवंबर, 2019 को एनआरसी और सीएए के खिलाफ विरोध प्रदर्शन किया।

अरुणाचल प्रदेश और सशस्त्र बल विशेषाधिकार अधिनियम (अफस्पा)

भारत के उत्तर पूर्वी राज्यों में कानून और व्यवस्था को बनाए रखने और आंतरिक अशांति तथा उपद्रव को दूर करने के लिए केंद्र सरकार जिस सशस्त्र बल विशेषाधिकार अधिनियम के तहत अर्धसैनिक बलों की तैनाती करती है, उसमें अरुणाचल प्रदेश भी शामिल है। कई अवसरों पर यह देखा गया है कि यदि प्रत्यक्ष

रूप में अरुणाचल प्रदेश में अफस्पा लगाने की आवश्यकता नहीं भी है तो भी उसके पड़ोसी राज्यों में हिंसक गतिविधियों अलगाववाद, नृजातीय आंदोलन, पृथक राज्यों की माँग और उसके विरोध प्रदर्शनों से जुड़े खतरों को देखते हुए अरुणाचल प्रदेश में भी अफस्पा के प्रावधान लागू किए जाने जरूरी समझे जाते हैं। उत्तर पूर्वी राज्यों की प्रादेशिक अखंडता और साथ ही भारत की प्रादेशिक अखंडता की सुरक्षा के लिए कई अवसरों पर अरुणाचल प्रदेश में अफस्पा के प्रावधानों के तहत अर्ध सैनिक बलों की तैनाती की गई है। ऐसा किया जाना आवश्यक भी समझा गया है।

उल्लेखनीय है कि अरुणाचल प्रदेश को 20 फरवरी 1987 को पूर्ण राज्य का दर्जा मिला था और इसके पूर्व यह नॉर्थ ईस्ट फ्रंटियर एजेंसी (नेफा) के रूप में जाना जाता था। पूर्ण राज्य बनने के वर्ष ही यह सशस्त्र बल विशेषाधिकार अधिनियम के दायरे में आ गया और अफस्पा के प्रावधान इस पर लागू होने लगे। अर्धसैनिक बलों के जवानों द्वारा अफस्पा द्वारा प्रदत्त शक्तियों का दुरुपयोग करने के चलते न्यायमूर्ति बीपी जीवन रेड्डी समिति ने अरुणाचल प्रदेश से अफस्पा हटाने की सिफारिश की थी।

यह कानून असम और केंद्र शासित प्रदेश मणिपुर में पहले से लागू था। अरुणाचल प्रदेश के बाद मेघालय, मिज़ोरम और नागालैंड अस्तित्व में आए और इन राज्यों में भी यह कानून लागू किया गया था। 32 वर्षों के अंतराल के बाद वर्ष 2019 की शुरुआत में अरुणाचल प्रदेश से अफस्पा आंशिक तौर पर हटा लिया गया था। गृह मंत्रालय की अधिसूचना के अनुसार जिन थाना क्षेत्रों से अफस्पा हटाया गया है उसमें पश्चिम कामेंग जिले के बालेमू तथा भालुकपोंग थाने, पूर्वी कामेंग जिले का सेइजोसा थाना और पापुमपारे जिले का बालीजान थाना शामिल है। यहाँ यह जानना आवश्यक है कि गृह मंत्रालय की अधिसूचना के अनुसार तिराप, चांगलांग और लोंगडिंग जिलों, नामसाई जिले के नामसाई तथा महादेवपुर थानों के अंतर्गत आने वाले क्षेत्रों, लोअर दिबांग घाटी जिले के रोइंग तथा लोहित जिले के सुनपुरा में अफस्पा छह और महीनों के लिए (30 सितंबर, 2019 तक) लागू रखने का निर्णय किया गया था।

मणिपुर और आंतरिक सुरक्षा

उत्तर पूर्वी भारत में मणिपुर अपने समृद्ध प्राकृतिक संसाधनों और विशिष्ट नृजातीय संरचना के लिए जाना जाता है। भौगोलिक विषमताओं ने मणिपुर में क्षेत्रीय विकास के असंतुलन और आंतरिक सुरक्षा के समक्ष चुनौतियों को बढ़ावा दिया है। मणिपुर की भौगोलिक विशिष्टता उसे घाटी और पर्वतीय क्षेत्रों में वर्गीकृत करती है। मणिपुर में इंफाल घाटी में मेइती समुदाय बहुसंख्यक है जो वैष्णव धर्म

और संकीर्तन उपासना पद्धति में आस्था रखता है। इम्फाल घाटी में 80 प्रतिशत से अधिक आबादी मेइती समुदाय की है जो मणिपुर का सबसे बड़ा नृजातीय समूह है जबकि मणिपुर के पर्वतीय क्षेत्रों में कुकी जनजाति और नगा जनजाति रहती हैं। पर्वतीय क्षेत्र की जनजातियाँ दुर्गम भौगोलिक स्थिति और विषमताओं के चलते घाटी क्षेत्र में आने और बसने की इच्छा रखती हैं, लेकिन मणिपुर सरकार ने इंफाल घाटी के सांस्कृतिक और सामाजिक संरचना में यथास्थिति बनाए रखने पर जोर देते हुए इनर परमिट लाइन कानून के जरिए कुछ वर्षों से घाटी प्रवेश को रोकने हेतु प्रावधान कर रखा है। मेइती समुदाय पर्वतीय क्षेत्र में रहने वालों, विशेषकर कुकी समुदाय को विदेशी अथवा बाहरी मानते हैं। इसलिए वे अपनी सांस्कृतिक स्वायत्तता और नृजातीय स्वायत्तता को बनाए रखने के लिए उनके घाटी प्रवेश का विरोध करते हैं।

ऐतिहासिक रूप से देखें तो 21 सितंबर, 1949 को मणिपुर जो कि एक देशी रियासत थी, का भारतीय संघ में विलय हुआ था और विलय के बाद स्वायत्तता की आकांक्षा रखने वाले विद्रोही समूह जैसे यूएनएलएफ, पीएलए, केसीपी, केवाईकेएल और प्रेपक जैसे विप्लवकारी संगठनों ने मणिपुर में पृथकतावादी माँगों को बढ़ावा देते हुए भारतीय संघ से पृथक होने के लिए आंदोलन चलाया। भारत सरकार ने इस स्थिति से निपटने के लिए कई अवसरों पर मणिपुर को आंतरिक रूप से अशांत क्षेत्र घोषित करते हुए वहाँ अफस्पा कानून के तहत अर्धसैनिक बलों की तैनाती की। उल्लेखनीय है कि जब भी किसी क्षेत्र में अफस्पा लगाया जाता है तो वहाँ राज्य सरकार की कानून व्यवस्था संबंधी अधिकारों को 3 माह तक अर्धसैनिक बलों द्वारा प्रयोग में लाया जाता है। भारत सरकार ने समय-समय पर संवैधानिक तंत्र की विफलता के आधार पर राष्ट्रपति शासन लगा कर भी स्थिति को नियंत्रित करने की कोशिश की।

चूँकि मणिपुर की सीमा म्यांमार से मिलती है और म्यांमार नशीले पदार्थों की तस्करी वाले स्वर्णिम त्रिभुज क्षेत्र का हिस्सा है, इसलिए मणिपुर में विप्लवकारी समूहों की हिंसक गतिविधियों के लिए वित्त पोषण को भी समर्थन मिला है। म्यांमार के विद्रोही समूह और मणिपुर के कुछ क्षेत्रों में रहने वाले नगा विद्रोहियों ने गठजोड़ कर मणिपुर और म्यांमार के मध्य चलाई जाने वाली ऊर्जा और अन्य विकास परियोजनाओं को भी निशाना बनाया है। इनमें शामिल हैं—नेशनल सोशलिस्ट काउंसिल ऑफ नागालैंड और म्यांमार का अराकान साल्वेशन आर्मी। मणिपुर में युवाओं का ड्रग्स की चपेट में आना भी आंतरिक सुरक्षा के लिए गंभीर चुनौती है। हाल के वर्षों में मणिपुर विधानसभा ने कुछ ऐसे कानून भी पारित किए हैं जिससे वहाँ नृजातीय समुदायों के मध्य तनाव उत्पन्न हुआ जिसका लाभ लेने की कोशिश विप्लवकारी समूहों ने भी की है।

उत्तर पूर्वी भारत में सशस्त्र बल विशेषाधिकार अधिनियम (अफस्पा) और संबंधित मुद्दे

उत्तर पूर्वी भारत में सशस्त्र बल विशेषाधिकार अधिनियम के दुरुपयोग की संभावनाओं के चलते अनेक अवसरों पर अफस्पा को खत्म करने की सिफारिश की गई है। फर्जी एनकाउंटर, मानवाधिकारों का उल्लंघन, स्त्रियों के साथ दुर्व्यवहार, लोगों की संपत्ति गलत तरीके से जब्त करने और अन्य भ्रष्टाचार के आरोप अफस्पा सुरक्षा कर्मियों पर लगे हैं और इसके साक्ष्य भी मिले हैं। उत्तर पूर्वी भारत में इसके बावजूद भी उग्रवादी हिंसक संगठनों, नृजातीय समुदायों के मध्य हिंसक संघर्ष, भारतीय संघ के विरुद्ध अलगाववादी आंदोलनों को चलाने वाले तत्वों को नियंत्रित करने के लिए समय-समय पर उत्तर पूर्व के राज्यों में अफस्पा लगाया जाना जारी रहा है। केंद्र सरकार और राज्य सरकार द्वारा गंभीर असुरक्षा स्थितियों को देखते हुए अफस्पा में अक्सर 6 माह की वृद्धि करते देखा गया है।

फिर भी चूँकि कानून व्यवस्था राज्य सूची का विषय है और भारत में संघीय आदर्शों का अनुपालन किया जाता है, इसलिए यह आवश्यक है कि सुरक्षा व्यवस्था के उपायों में राज्य सरकारों की क्षमता का संवर्धन करने की रणनीति अपनाई जाए। इसके साथ ही विभिन्न उत्तर पूर्वी राज्यों में विकास कार्यक्रमों, परियोजनाओं के जरिए विभिन्न समुदायों, बहुसंख्यकों, अल्पसंख्यकों, नृजातीय समुदायों की वैध माँगों को इस तरीके से पूर्ण किया जाए कि वहाँ सामाजिक सांस्कृतिक सौहार्द बना रह सके।

उत्तर पूर्वी भारतीय राज्यों में आंतरिक अशांति और उपद्रव की स्थिति में केंद्र सरकार द्वारा अर्ध सैनिक बलों की तैनाती की जाती है। यह कार्य सशस्त्र बल विशेषाधिकार अधिनियम, 1958 के अन्तर्गत होता आया है। इस कानून के तहत केंद्र सरकार राज्यपाल की रिपोर्ट के आधार पर किसी राज्य या क्षेत्र को अशांत घोषित कर वहाँ केंद्रीय सुरक्षा बलों को तैनात करती है। विभिन्न धार्मिक, नस्लीय, भाषा, क्षेत्रीय समूहों, जातियों, समुदायों के बीच मतभेद या विवादों के चलते राज्य या केंद्र सरकार किसी क्षेत्र को अशांत घोषित करती है।

अफस्पा अधिनियम की धारा 3 राज्य तथा केंद्रशासित क्षेत्रों के राज्यपालों को भारत के राजपत्र (गज़ट) में एक आधिकारिक अधिसूचना जारी करने की शक्ति प्रदान करती है, जिसके पश्चात् केंद्र को असैन्य क्षेत्रों में सशस्त्र बलों को भेजने का अधिकार मिल जाता है। अशांत क्षेत्र (विशेष न्यायालय) अधिनियम, 1976 के अनुसार, एक बार अशांत घोषित होने पर क्षेत्र में न्यूनतम तीन माह के लिये यथास्थिति बनाए रखनी होगी। राज्य सरकारें यह सुझाव दे सकती हैं कि इस अधिनियम को लागू किया जाना चाहिये अथवा नहीं, परंतु इस अधिनियम

की धारा-3 के तहत उनके सुझाव को संज्ञान में लेने अथवा न लेने की शक्ति राज्यपाल अथवा केंद्र के पास है।

इस कानून की धारा-4 के अनुसार, सुरक्षा बल का अधिकारी संदेह होने पर किसी भी स्थान की तलाशी ले सकता है और खतरा होने पर उस स्थान को नष्ट करने के आदेश दे सकता है।

इस कानून के तहत सेना के जवानों को कानून तोड़ने वाले व्यक्ति पर गोली चलाने का भी अधिकार है।

यदि इस दौरान उस व्यक्ति की मौत भी हो जाती है तो उसकी जवाबदेही गोली चलाने या ऐसा आदेश देने वाले अधिकारी पर नहीं होगी।

सशस्त्र बल किसी भी व्यक्ति को बिना किसी वारंट के गिरफ्तार कर सकते हैं। गिरफ्तारी के दौरान वे किसी भी तरह की शक्ति का इस्तेमाल कर सकते हैं।

सैन्य अधिकारी परिवार के किसी व्यक्ति, संपत्ति, हथियार या गोला-बारूद को बरामद करने के लिये बिना वारंट के घर के अंदर जाकर तलाशी ले सकता है और इसके लिये बल प्रयोग कर सकता है।

किसी वाहन को रोककर गैर-कानूनी ढंग से हथियार ले जाने का संदेह होने पर उसकी तलाशी ली जा सकती है।

यदि किसी व्यक्ति को गिरफ्तार किया जाता है तो उसको जल्द ही निकटतम पुलिस स्टेशन में पेश करना होता है कि उसको क्यों गिरफ्तार किया गया।

उत्तर पूर्वी भारत में समावेशी विकास की रणनीति

भारत सरकार द्वारा उत्तर पूर्वी भारत के विकास के लिए जो रणनीति अपनाई गई है उसमें सुरक्षा, विकास, हकदारी, प्रतिनिधिमूलक संस्थाओं की स्थापना, शक्तियों का हस्तांतरण, अवसंरचनात्मक विकास आदि शामिल हैं। भारत सरकार द्वारा कुछ महत्त्वपूर्ण विधाई उपायों के जरिए उत्तर पूर्वी भारत में शांति और सुरक्षा को बढ़ावा देने के प्रयास किए गए हैं।

पंचायत (अनुसूचित क्षेत्रों पर विस्तार) अधिनियम, 1996

1995 में दिलीप सिंह भूरिया समिति द्वारा प्रस्तुत की गई रिपोर्ट के आधार पर, संसद ने पाँचवीं अनुसूची में उल्लिखित अधिसूचित क्षेत्रों में पंचायतीराज के विस्तार के लिए इस अधिनियम को मूर्तमान स्वरूप प्रदान किया। राज्यों में इस एक्ट के प्रावधानों के कार्यान्वयन के लिए पंचायती राज मंत्रालय नोडल मंत्रालय होता है।

इस एक्ट के तहत ग्राम सभा के बारे में स्पष्ट करते हुए कहा गया है कि प्रत्येक

ग्राम की एक ग्रामसभा होगी, जो ऐसे व्यक्तियों से मिलकर बनेगी जिनके नाम गाँव के निर्वाचक नामावली में दर्ज हों जबकि प्रत्येक ग्राम पंचायत में आधे स्थान अनुसूचित जनजातियों के लिए आरक्षित होंगे। साथ ही ग्राम पंचायत के अध्यक्षों के सभी पद जनजातीय समुदाय के लिए आरक्षित होंगे और केवल आदिवासी समुदाय के व्यक्ति ही इन पदों के लिए चुनाव लड़ सकते हों।

पेसा एक्ट के तहत ग्राम सभा/पंचायतों को शक्तियाँ

पेसा अधिनियम के अंतर्गत ग्राम सभाओं/ पंचायती राज संस्थाओं(पीआरआई) को निम्नलिखित कानूनी शक्तियाँ प्रदान की गई हैं—

—लोगों की परंपराओं और रीति-रिवाजों, उनकी सांस्कृतिक पहचान, सामुदायिक संसाधनों और विवाद समाधान के रीति-रिवाजों को सुरक्षित रखना और संरक्षित करना।

—इस तरह की योजनाओं, कार्यक्रमों और परियोजनाओं को पंचायत द्वारा ग्राम स्तर पर लागू करने से पहले सामाजिक और आर्थिक विकास के लिए योजनाओं, कार्यक्रमों और परियोजनाओं को मंजूरी देना।

—गरीबी उन्मूलन और अन्य कार्यक्रमों के तहत लाभार्थियों के रूप में व्यक्तियों की पहचान या चयन।

—गरीबी उन्मूलन और अन्य कार्यक्रमों के तहत लाभार्थियों के रूप में पहचान या व्यक्तियों के चयन, योजनाओं, कार्यक्रमों और परियोजनाओं के लिए पंचायत द्वारा धन के उपयोग का प्रमाणन।

—विकास परियोजनाओं के लिए अनुसूचित क्षेत्रों में भूमि का अधिग्रहण करने से पहले और अनुसूचित क्षेत्रों में ऐसी परियोजनाओं से प्रभावित व्यक्तियों को फिर से बसाने या पुनर्वास करने से पहले परामर्श करने का अधिकार।

—लघु जल निकायों की योजना और प्रबंधन और प्रस्तावित लाइसेंस/खानों के लिए पट्टा और गौण खनिजों के दोहन के लिए रियायत देने के लिए अनिवार्य सिफारिशें।

—मादक द्रव्यों की बिक्री/खपत का विनियमन, लघु वनोपज का स्वामित्व, भूमि हस्तान्तरण को रोकना और हस्तांतरित भूमि की बहाली।

—गाँव के बाजारों का प्रबंधन, अनुसूचित जनजाति को पैसे उधार देने पर नियंत्रण, सभी सामाजिक क्षेत्रों के संस्थानों और अधिकारियों पर नियंत्रण रखने की शक्ति, ऐसी योजनाओं के लिए जनजातीय उपयोजना और संसाधनों सहित स्थानीय योजनाओं पर नियंत्रण।

अनुसूचित जनजाति और अन्य परंपरागत वन निवासी (वन अधिकारों की मान्यता) अधिनियम, 2006

उत्तर पूर्वी भारत समेत देश के सभी राज्यों के लिए यह अधिनियम समावेशी विकास के प्रतीक के रूप में अधिनियमित किया गया था। भारत में आदिवासियों तथा अन्य परंपरागत वन निवासियों के वनभूमि तथा वन संपदा पर अधिकारों की स्थापना की दिशा में यह कानून एक ऐतिहासिक कदम है। पहली बार अनुसूचित जनजाति और अन्य परंपरागत वन निवासी (वन अधिकारों की मान्यता) अधिनियम 2006 की प्रस्तावना में यह स्वीकार किया गया है कि वन तथा वन संपदा के संरक्षक समाज के साथ ऐतिहासिक अन्याय हुआ है। इसीलिए उनके पूर्व स्थापित अधिकारों को वैधानिक मान्यता देने के लिए यह कानून लागू किया गया है। वन अधिकार कानून 2006 के अंतर्गत जीविकोपार्जन के लिए व्यक्तिगत तथा सामुदायिक वन संसाधनों और वनभूमि के उपयोग के अधिकार, परंपरागत रूप से संग्रहण, संरक्षण किए जाने वाले वनोपज के अधिकार और सामुदायिक जल निकाय के अधिकार सुनिश्चित किए गए हैं। वन अधिकार कानून, 2006 आदिवासियों तथा वन पर आश्रित समुदाय के संघर्षों और जन वकालत के परिणामस्वरूप घोषित किया गया था। भारत में लाखों आदिवासियों और अन्य परंपरागत वनवासियों के व्यक्तिगत और सामुदायिक अधिकारों को इस कानून के माध्यम से स्थापित करते हुए ही उन्हें खाद्यान्न और जीविकोपार्जन की सुरक्षा सम्मानपूर्वक सुनिश्चित की जा सकती है। वन अधिकार कानून, 2006 के लागू करने की दिशा में 1 जनवरी 2008 को विस्तृत नियमावली जारी करने के साथ ही पूर्व में हुए ऐतिहासिक अन्याय को दूर करने की वैधानिक प्रक्रिया प्रारंभ हुई। इस कानून के तहत भूमि के अधिकार को मान्यता दी गई है, जिसके तहत अर्ह पात्र द्वारा 13 दिसंबर 2005 से पूर्व खेती की जा रही भूमि का अधिकार देने की बात है। इसके अंतर्गत खेती की जा रही अधिकतम 4 हेक्टेयर भूमि का अधिकार दिया जा सकता है। यह भूमि विक्रय नहीं की जा सकती किंतु परिवार के भीतर हस्तांतरित की जा सकती है। इस कानून में उपयोग के अधिकार को भी सुनिश्चित किया गया है। वनोपज का स्वामित्व साथ ही चारागाह भूमि तथा चरनोई मार्ग के उपयोग का अधिकार भी दिया गया है। इसमें पुनर्वास के अधिकार की चर्चा की गई है और विस्थापित परिवारों के पुनर्वास तथा उनके मूलभूत नागरिक सुविधाओं का अधिकार दिया गया है। इसके साथ ही इसमें वन तथा वन्य जीव संरक्षण का अधिकार भी दिया गया है ताकि जैवविविधता का भी संवर्धन हो सके। इन वन अधिकारों के लिए प्राथमिक रूप से पात्रता उन लोगों की होगी जो वन अथवा वन क्षेत्र में निवासरत हैं। साथ ही वन भूमि और वन पर जीविकोपार्जन के लिए निर्भर हैं। संबंधित व्यक्ति अथवा समुदाय आदिवासी हो

या उस क्षेत्र में विगत 75 वर्षों से निवासरत हो तो वह उसका पात्र हो सकता है। सर्वाधिक महत्त्वपूर्ण मुद्दा यह है कि वनाधिकार कानून, 2006 को सही तरीके से किस प्रकार क्रियान्वित किया जाए। राज्यों को उन सभी परिस्थितियों का समग्र आकलन करना चाहिए जो अब तक इस कानून के धीमे अथवा बाधित क्रियान्वयन के लिए जवाबदेह हैं जैसे, वन विभाग, राजस्व विभाग और आदिवासी कल्याण विभाग के अधिकारियों तथा ग्राम सभा और वनाधिकार समिति के सदस्यों की क्षमता और जानकारी का विकास। अधिकांश राज्यों में व्यावहारिक तौर पर इस कानून के क्रियान्वयन का दायित्व वास्तव में आदिवासी कल्याण विभाग के बजाय वन विभाग के हाथों में है। इसका सीधा परिणाम विशेष तौर पर सामुदायिक अधिकारों के क्रियान्वयन में गंभीर विलंब के रूप में देखा जा सकता है। उल्लेखनीय है कि वन विभाग का पूर्वाग्रह है कि सामुदायिक अधिकारों के क्रियान्वयन से वन भूमि और संपदा पर उनका वर्चस्व कम हो जाएगा। इन परिस्थितियों में यह आवश्यक है कि वनाधिकार कानून, 2006 के समस्त प्रावधानों और अधिकारों की गहरी व्यावहारिक समझ समुदाय के स्तर पर विकसित की जाए। इसके लिए सामाजिक संगठनों की विशेष भूमिका है कि समुदाय को कानून के व्यावहारिक पक्ष की जानकारी देकर प्रेरित करें। जिन स्थान पर वन अधिकार समिति कार्यशील नहीं है वहाँ यथाशीघ्र इसका पुनर्गठन करते हुए वैधानिक प्रावधानों के अनुरूप समुदाय के संबंधित पक्षों का संतुलित प्रतिनिधित्व सुनिश्चित किया जाना चाहिए। वनाधिकार समिति के महत्त्व को ग्राम सभा को समझाया जाना चाहिए। सामाजिक संगठनों का दायित्व है कि वनाधिकार समिति के सदस्यों को उनका कार्यदायित्व स्पष्ट रूप से बताया जाए। इसके अलावा वनाधिकार कानून, 2006 के प्रावधानों के अनुरूप व्यक्तिगत और सामुदायिक अधिकारों के दावे दर्ज करने के लिए समुदाय की सहायता की जानी चाहिए। दावों के संबंध में उपखंड अथवा जिला समितियों द्वारा चाही गई जानकारियों अथवा साक्ष्यों को एकत्रित करने और संबंधित स्तर पर दर्ज करने के लिए समुदाय की सहायता की जानी चाहिए। वन तथा वन संपदा के राष्ट्रीय महत्त्व को ध्यान में रखते हुए समुदाय को इसके संरक्षण और उपयोग की जानकारी भी दी जानी चाहिए। सामाजिक संगठनों की विशेष भूमिका है कि इस संबंध में समुदाय और स्थानीय स्तर पर संबंधित विभागों के मध्य संवाद को स्पष्ट और सकारात्मक बनाए ताकि भविष्य में इसी स्तर के विवादों से बचा जा सके। यदि वनाधिकार कानून, 2006 के अंतर्गत व्यक्तिगत दावे दर्ज किए जाने की प्रक्रिया में ग्रामसभा की भूमिका देखें तो वनाधिकार की प्रकृति और सीमा का निर्धारण करने के लिए ग्रामसभा कार्यवाही प्रारंभ करेगी और उससे संबंधित दावों की सुनवाई करेगी। यह अधिकारों के दावेदारों की सूची तैयार करेगी और दावेदारों और उनके दावों के ऐसे ब्यूरो का एक रजिस्टर रखेगी जो केंद्रीय सरकार आदेश

द्वारा निर्धारित करें। इस अधिनियम की धारा 5 के प्रावधानों को कार्यान्वित करने के लिए वन्यजीव वन और जैव विविधता के संरक्षण के लिए समितियों के गठन करने का प्रावधान किया गया है।

उत्तर पूर्वी भारत के विकास के लिए अंतर्राष्ट्रीय साझेदारी की रणनीति

खाद्य और कृषि संगठन (एफएओ) भारत में पूर्वोत्तर निष्कर्ष समूह का संयोजक है, जोकि संयुक्त राष्ट्र औद्योगिक विकास संगठन (यूएनआईडीओ), अंतर्राष्ट्रीय श्रम संगठन (आईएलओ), अंतर्राष्ट्रीय प्रवास संगठन (आईएमओ) और संयुक्त राष्ट्र विकास कार्यक्रम (यूएनडीपी) के साथ सहयोग कर रहा है।

मिज़ोरम में संयुक्त राष्ट्र साझा पहल के तहत आईएलओ ने संभावित उद्यमियों के लिए 'स्टार्ट एंड इंप्रूव योर बिजनेस' पर प्रशिक्षुओं के लिए एक प्रशिक्षण कार्यशाला का आयोजन किया।

आईएलओ ने कौशल अंतराल सर्वेक्षण रिपोर्ट को अंतिम रूप दिया और उसे मिज़ोरम सरकार को सौंपा।

यूएनआईडीओ ने उद्योग विभाग एवं बाँस विकास एजेंसी को तकनीकी सलाह प्रदान की और मिज़ोरम के लिए बाँस क्षेत्र से संबंधित सर्वेक्षण को अंतिम रूप दिया।

एफएओ के तकनीकी समन्वय कार्यक्रम के तहत पशुपालन, किसानी से संबंधित स्कूल, तथा वनीकरण एवं जीविकोपार्जन को बढ़ावा देने वाले कार्यक्रम चलाए गए।

यूएनडीपी ने बागवानी फसलों के लिए एक मूल्य संवर्धित विश्लेषण किया और बाजार को विस्तृत करने के लिए रणनीति तैयार की। बाँस पर समुदाय आधारित प्रारंभिक प्राकृतिक संसाधन प्रबंधन परियोजना विकसित की गई ताकि मिज़ोरम में बाँस क्षेत्र के विकास के लिए व्यापक रणनीति बनाई जा सके। अब संयुक्त राष्ट्र की साझा पहल के अंग के रूप में मिज़ोरम सरकार के वाणिज्य एवं उद्योग विभाग की बाँस विकास एजेंसी द्वारा इस पर काम किया जा रहा है।

भारत और जापान ने उत्तर पूर्वी भारतीय राज्यों के संवेशी और अवसंरचनात्मक विकास के लिए वर्ष 2017 में एक्ट ईस्ट फोरम का गठन किया है जिसके तहत जापान उत्तर पूर्वी भारतीय राज्यों के विकास परियोजनाओं का वित्त पोषण कर रहा है। जापान पूर्वोत्तर और मेघालय में फैले पूर्वोत्तर सड़क नेटवर्क कनेक्टिविटी सुधार परियोजना, त्रिपुरा में सतत वन प्रबंधन परियोजना, असम में गुवाहाटी जलापूर्ति परियोजना और गुवाहाटी सीवेज परियोजना, जैव-विविधता संरक्षण और वन प्रबंधन परियोजना सहित कुछ भारतीय परियोजनाओं पर सहयोग कर रहा है। सिक्किम में, बाँस से संबंधित सहयोग, मिज़ोरम में सतत कृषि और

सिंचाई के लिए तकनीकी सहयोग परियोजना, नागालैंड में वन प्रबंधन परियोजना में भी जापान संलग्न है।

उत्तर पूर्व के लिए नीति मंच का गठन

देश के उत्तर पूर्वी क्षेत्र के सतत आर्थिक विकास को सुनिश्चित करने और क्षेत्र में विकास की स्थिति की समय-समय पर समीक्षा करने के उद्देश्य से फरवरी 2018 में 'उत्तर पूर्व के लिये नीति मंच' का गठन किया गया था।

इस मंच के लिये सचिवालय को उत्तर पूर्वी क्षेत्र विकास मंत्रालय में स्थापित किया गया है। इस मंच में उत्तर पूर्व के सभी राज्यों का प्रतिनिधित्व है और उनके मुख्य सचिवों और संबंधित केंद्रीय मंत्रालयों एवं विभागों के सचिव, आईआईटी, आईआईएम जैसी प्रतिष्ठित संस्थाओं के निदेशक, विशेषज्ञों एवं पत्रकारों को इसमें सदस्य के तौर सम्मिलित किया गया है। इस नवगठित उत्तर पूर्व नीति मंच की पहली बैठक 10 अप्रैल, 2018 को अगरतला, त्रिपुरा में आयोजित की गई। इसमें निम्नलिखित विषयों पर जोर देते हुए नीति निर्माण की बात की गई थी। इसमें निम्नलिखित बिंदु शामिल किये गये हैं—

—उत्तर पूर्वी क्षेत्र में सड़क, रेल और वायु संपर्क बढ़ाने के लिये रणनीति।

—जल विद्युत स्वप्न को साकार करना—उत्तर पूर्वी क्षेत्र में जल विद्युत के लिये मौजूद संभावनाओं के दोहन के लिये आगे का मार्ग प्रशस्त करना।

—कृषि एवं संबंधित क्षेत्र पर विशेष ध्यान केंद्रित करना।

—उत्तर पूर्वी राज्य रासायनिक खाद रहित खेती को बढ़ावा देंगे।

—फल, सब्जियों, मसालों एवं औषधीय वनस्पतियों की खेती और किसानों के लिये मिट्टी का हेल्थ कॉर्ड की व्यवस्था।

—फसल कटने के बाद होने वाले नुकसान को बिलकुल कम करना और कृषि बीमा का दायरा बढ़ाना।

—दुग्ध उत्पादन को बढ़ावा देना और जल प्रबंधन पर विशेष बल।

—पहले से जारी सिंचाई परियोजनाओं को शीघ्रता से पूरा करना।

—पर्यटन को बढ़ावा, प्राकृतिक पर्यटन, ग्रामीण पर्यटन, रोमांचकारी पर्यटन को प्रोत्साहित करना।

—उत्तर पूर्व पर्यटन विकास परिषद (एनईटीडीसी) को सशक्त बनाना।

—सिक्किम के ऑर्गेनिक थीम पर आधारित घर में ठहरने वाले पर्यटन को अन्य उत्तर पूर्वी राज्यों में प्रोत्साहित करना।

—पर्यटन को बढ़ावा देने के लिये एनईटीडीसी उत्तर पूर्वी राज्यों के साथ निकटता के साथ काम करेगी।

—संपर्क मार्ग, कृषि उत्पादकता और औद्योगिक विकास के क्षेत्र में शीघ्र पूरी हो सकने वाली परियोजनाओं की पहचान और उन्हें पूरा करने से उत्तर पूर्वी क्षेत्र के विकास को एक नयी गति मिलेगी।

हाल के समय में उत्तर पूर्व भारत के विकास के लिए किए गए प्रयास

जनजातीय अनुसंधान संस्थानों (टीआरआई) को उच्च स्तरीय शोध संस्थानों के रूप में उन्नत करने के लिये उनके पुनर्निर्माण पर तैयार रिपोर्ट का नीति आयोग द्वारा आगे आवश्यक कदम उठाने हेतु परीक्षण किया जा रहा है।

अनुसूचित जाति उप योजना (एससीएसपी) एवं आदिवासी उप योजना (टीएसपी) के लिये निगरानी ढाँचे का विकास कर लिया गया है एवं इन दोनों उप योजनाओं (एससीएसपी एवं टीएसपी) की ऑनलाइन निगरानी के लिये संबंधित मंत्रालयों को भेज दिया गया है।

पंचायती राज मंत्रालय को संविधान की छठी अनुसूची के अंतर्गत उल्लिखित क्षेत्रों में केंद्रीय निधि से वंचित प्रदेशों के बीच धन के पारदर्शी एवं न्यायोचित आवंटन के नये दिशानिर्देश जारी कर दिये गए हैं।

संतुलित क्षेत्रीय विकास के लिए विशेष निधि जारी करने की सिफारिशें की गई हैं। क्षेत्रीय विकास को प्रोत्साहन देने के लिये नीति आयोग ने असम, मेघालय, मिज़ोरम एवं त्रिपुरा के लिये संविधान की छठी अनुसूची के अंतर्गत कवर किये गए क्षेत्रों में एक बार की विशेष सहायता राशि जारी करने की अनुशंसा की है।

उत्तर-पूर्व के लिये विकास सहायता हेतु उत्तर पूर्वी एवं हिमालयी प्रदेशों के लिये एक नयी औद्योगिक नीति हेतु रोडमैप की जाँच करने एवं सुझाने के लिये नीति आयोग के मुख्य कार्यकारी अधिकारी की अध्यक्षता में एक समिति का गठन किया गया। समिति ने उत्तर पूर्वी राज्यों एवं अन्य हिस्सेदारों के साथ बातचीत कर अपनी अनुशंसा को अंतिम रूप दिया। इन सिफारिशों के आधार पर औद्योगिक नीति एवं संवर्धन विभाग (डीआईपीपी) ने मार्च 2020 तक 3000 करोड़ रुपये की लागत से उत्तर पूर्व औद्योगिक विकास योजना (एनईआईडीएस) 2017 को तैयार किया जिसको मार्च, 2018 में केंद्रीय मंत्रिमंडल की स्वीकृति प्राप्त हुई।

उत्तर पूर्व क्षेत्र में जल संसाधनों के प्रबंधन के लिये आयोग के उपाध्यक्ष की अध्यक्षता में एक उच्च स्तरीय समिति का गठन किया गया है। नदियों के पुनर्जीवन की नीति के परीक्षण हेतु मुख्य कार्यकारी अधिकारी की अध्यक्षता में विशेषज्ञ समिति का गठन भी किया गया।

पूर्वोत्तर राज्यों में बुनियादी विकास के लिए किए गए प्रयास

पूर्वोत्तर क्षेत्र में बुनियादी ढाँचा से जुड़े परियोजनाओं पर भारत सरकार द्वारा विशेष ध्यान दिया है क्योंकि पिछड़ेपन, आर्थिक अभाव और वंचन के चलते राष्ट्र विरोधी और अलगाववादी गुटों को हिंसा को जायज ठहराने का अवसर मिल जाता है। इसलिए हाल के वर्षों में भारत सरकार द्वारा सड़क, रेल वायु और अंतर्देशीय जलमार्ग कनेक्टिविटी में सुधार पर ज़ोर दिया गया है। भारत के पूर्वोत्तर राज्यों में बुनियादी ढाँचे के विकास के लिये प्रमुख सरकारी पहलों को निम्नलिखित शीर्षकों के अंतर्गत समझा जा सकता है।

एयरपोर्ट्स के गठन पर जोर

उत्तर-पूर्वी परिषद पूर्वोत्तर के आर्थिक और सामाजिक विकास के लिये एक नोडल एजेंसी है। इस परिषद के प्रमुख सदस्यों में उत्तर पूर्व के आठ राज्यों के राज्यपाल और मुख्यमंत्री शामिल हैं। यह परिषद 12 ऑपरेशनल हवाई अड्डों में बुनियादी ढाँचे के उन्नयन के लिये वित्तपोषण कर रहा है। सिक्किम में पाक्योंग एयरपोर्ट का उद्घाटन किया गया है। यह देश के पाँच सबसे ऊँचे हवाई अड्डों में से एक है। इसके अतिरिक्त अरुणाचल प्रदेश के लोहित जिले में तेजू हवाई अड्डे का उद्घाटन किया जा चुका है। इससे लोअर दिबांग वैली, अंजाव, नामसाई और दिबांग वैली जैसे पड़ोसी ज़िलों से कनेक्टिविटी में सुधार होने की उम्मीद है। केंद्र सरकार द्वारा अरुणाचल प्रदेश के होलोंगी में हाल में एक ग्रीनफील्ड एयरपोर्ट का भी उद्घाटन किया गया है। इसके साथ ही उम्रोई (शिलॉन्ग) हवाई अड्डे में उत्तर पूर्वी परिषद द्वारा रनवे विस्तार कार्यों को शामिल किया जाएगा, ताकि बड़े हवाई जहाज़ों को ज़मीन पर उतारा जा सके।

सड़क परियोजनाओं पर बल

उत्तर पूर्वी परिषद ने पूर्वोत्तर भारत में 10,500 किलोमीटर लंबी सड़कों के निर्माण पर अपना ध्यान केंद्रित किया है, जिसमें अंतर-राज्य और आर्थिक महत्त्व की सड़कें शामिल होंगी। इसके लिए नॉर्थ ईस्ट रोड सेक्टर डेवलपमेंट स्कीम नामक एक नई योजना शुरू की गई है जो सड़कों और पुलों के लिये रणनीतिक परियोजनाओं को संचालित करेगी। इन परियोजनाओं में दोइमुख-हरमुती, तुरा-मनकाचर और वोखा-मेरापानी-गोलाघाट शामिल हैं। इसका निर्माण राष्ट्रीय राजमार्ग और बुनियादी ढाँचा विकास निगम के नेतृत्व में होगा। ऐसी कुल 14 परियोजनाएँ शुरू की जानी हैं।

उल्लेखनीय है कि देश का एक बड़ा राज्य होने के बावजूद अरुणाचल प्रदेश में सड़क घनत्व सबसे कम है। केंद्रीय सड़क और परिवहन मंत्रालय, ट्रांस अरुणाचल राजमार्ग परियोजना को तेज़ करने की योजना बना रहा है। सड़क और राजमार्गों के लिये विशेष त्वरित सड़क विकास कार्यक्रम चलाने का निर्णय लिया जा चुका है। इसके अलावा अरुणाचल फ्रंटियर हाईवे और ईस्ट वेस्ट कॉरिडोर के लिये निर्माण योजना भी प्रस्तावित की गई है।

रेल परियोजनाओं पर बल

पूर्वोत्तर राज्यों के लिये 20 प्रमुख रेलवे परियोजनाओं के माध्यम से एक रेलवे लिंक प्रदान करने की योजना पर कार्य किया जा रहा है, जिसमें 13 नई लाइनें, 2 गेज रूपांतरण और लगभग 2,624 किलोमीटर की लंबाई के साथ पाँच दोहरीकरण शामिल हैं। बैराबी और सरांग को जोड़ने वाली एक ब्रॉड गेज रेलवे लाइन का निर्माण प्रगति पर है जो 2020 तक पूर्वोत्तर राज्यों की राजधानियों को जोड़ेगी।

ब्रह्मपुत्र नदी के किनारे एक एक्सप्रेस हाईवे परियोजना, जिसकी लागत 40,000 करोड़ रुपए है और 1,300 किलोमीटर तक फैली हुई है, से असम में कनेक्टिविटी संबंधित मुद्दों को हल होने की उम्मीद है।

बेहतर सड़क, रेल और हवाई संपर्क से पूर्वोत्तर भारत को प्रगति की ओर बढ़ने में मदद मिलेगी।

संचार अवसंरचना पर बल

केंद्र सरकार ने पूर्वोत्तर में कनेक्टिविटी, कम्युनिकेशन तथा कॉमर्स (थ्री सी) पर अधिक बल देने की बात कही है। डाकघरों का नेटवर्क, टेलीफोन एक्सचेंज और टेलीफोन कनेक्शन संचार के लिये प्रमुख बुनियादी ढाँचे हैं। टेलीफोन आधारित संचार में काफी तेज़ गति से प्रसार हो रहा है। केंद्र सरकार ने पूर्वोत्तर भारत के आठ राज्यों में दूरसंचार कनेक्टिविटी में सुधार के लिये 15,000 करोड़ रुपए के निवेश की घोषणा की है। भारत का सीमांत राज्य अरुणाचल प्रदेश जो चीन के साथ सीमा साझा करता है, में 2817 से अधिक मोबाइल टावर स्थापित करने की योजना है। पूर्वोत्तर क्षेत्रों में 'भारत नेट रणनीति' के तहत पूर्वोत्तर क्षेत्र के 4240 ग्राम पंचायतों को दिसंबर 2018 तक सैटेलाइट कनेक्टिविटी द्वारा ब्रॉडबैंड से जोड़ने का लक्ष्य रखा गया है।

उत्तर पूर्वी भारत में औद्योगिक विकास के प्रयास

पूर्वोत्तर क्षेत्र के आठ राज्यों में प्राकृतिक संसाधन, औद्योगीकरण के स्तर तथा ढाँचागत सुविधाओं के संबंध में काफी भिन्नता है। चार रिफाइनरी और दो पेट्रोकेमिकल परिसरों को छोड़कर इस क्षेत्र में बड़े उद्योग नहीं दिखाई देते। औद्योगिक क्षेत्र मुख्य रूप से असम में चाय, पेट्रोलियम (कच्चे तेल), प्राकृतिक गैस आदि विकसित हुआ है तथा पूर्वोत्तर के अन्य क्षेत्रों में खनन, लकड़ी चीरने का कारखाना तथा इस्पात निर्माण इकाइयाँ देखने को मिलती हैं। इस क्षेत्र की पूरी क्षमता का दोहन होना बाकी है। औद्योगिक रूप से पूर्वोत्तर क्षेत्र देश में सबसे पिछड़ा क्षेत्र बना हुआ है और असम को छोड़कर इस क्षेत्र के राज्यों में औद्योगिक विकास बहुत कम है। असम पारंपरिक चाय, तेल और लकड़ी आधारित उद्योगों के कारण थोड़ी बेहतर स्थिति में है। मेघालय में भी लघु और मध्यम उद्योगों की स्थापना के परिणामस्वरूप कुछ हद तक विकास हुआ है।

इस क्षेत्र में भी औद्योगिक विकास की कमी में योगदान करने वाले कई कारक हैं, जैसे—

खराब बुनियादी ढाँचा और अपर्याप्त बिजली की आपूर्ति।
हिंसा तथा जबरन वसूली।
उत्पादन की उच्च लागत।
स्थानीय लोगों में उद्यमशीलता का अभाव।
सार्वजनिक क्षेत्र के निवेश का निम्न स्तर।
गुणवत्तापूर्ण रियल एस्टेट की अनुपलब्धता।
सीमा व्यापार की चुनौतियाँ

हाल के वर्षों में भारत सरकार की "पूर्व की ओर देखो नीति" ने पूर्वोत्तर को और अधिक महत्त्वपूर्ण और रणनीतिक बना दिया है। इस क्षेत्र को चुनौतियों का सामना करने और दक्षिण पूर्व एशियाई देशों में विशाल बाजार के माध्यम से खुले अवसरों को भुनाने के लिये पर्याप्त सुविधाएँ प्रदान करनी होंगी। इसी बात को ध्यान में रखकर मेघालय और त्रिपुरा के बांग्लादेश के साथ लगी सीमाओं पर 2-2 बॉर्डर हाट (बाजार) खोले गए हैं और हाल के समय में 10 ऐसे नए बॉर्डर हाट को खोलने का निर्णय लिया गया है। बांग्लादेश और त्रिपुरा के मध्य रेलवे लिंक को भी मूर्त रूप प्रदान किया जा चुका है।

पूर्वोत्तर राज्यों में इंसरजेंसी के विरुद्ध रणनीति

पूर्वोत्तर राज्यों में नृजातीय विविधता और उनके विशिष्ट सांस्कृतिक पहचान को

ध्यान में रखते हुए यहाँ घटित होने वाली इंसरजेंसी के विरुद्ध बहुआयामी रणनीति पर कार्य करने की जरूरत है—

—दीर्घकालिक रूप में इंसरजेंसी की समस्या का समाधान केवल सैन्य रूप में संभव नहीं है, बल्कि संवाद और वार्ता के माध्यम से ही समस्या के ठोस समाधान के लिए उपयुक्त परिवेश निर्मित हो सकता है। इसके लिए सर्वप्रथम यहाँ के सभी नृजातीय समूहों को विश्वास में लेना होगा। ऐसा ना हो कि वार्ता प्रक्रिया के दौरान कोई नृजातीय समूह अपने को उपेक्षित महसूस करे। साथ ही नृजातीय समूहों की विशिष्ट सामाजिक सांस्कृतिक पहचान को ध्यान में रखते हुए ही वार्ता को दिशा दी जाए। इस क्रम में जवाहरलाल नेहरू द्वारा जनजातियों के लिए दिये गए पंचशील की नीति का अनुसरण करना होगा। अतः पूर्वोत्तर भारत के लिए स्वायत्तता के साथ एकीकरण की नीति ही प्रभावी होगी।

—यहाँ के उन विप्लवकारी संगठनों के विरुद्ध कठोर कार्यवाही की जानी चाहिए जो हिंसक और घातक हैं। साथ ही उनके सेफ हेवन की पहचान कर पहलकारी रूप में उनकी हिंसक गतिविधियों पर रोक लगाना आवश्यक है। इसलिए यहाँ अभी भी सशस्त्र बल विशेषाधिकार अधिनियम बनाये रखने की जरूरत है, लेकिन साथ ही उन संगठनों से गम्भीर रूप में वार्ता की जरूरत है जो हिंसक साधनों का प्रयोग नहीं करते।

—पूर्वोत्तर राज्यों में इंसरजेंसी को मिल रही सामाजिक वैधता बड़ी चुनौती है। इसलिए एक तरफ तो इंसरजेंसी को मिल रहे सामाजिक समर्थन पर रोक लगानी होगी और इन समूहों में नई भर्ती को रोकने के प्रयास करने होंगे। वहीं दूसरी तरफ इन समूहों में शामिल लोगों को यह रास्ता छोड़ने के लिए प्रोत्साहित करना होगा। इसके लिए उन्हें पर्याप्त इंसेंटिव देना होगा। इसलिए स्थानीय स्तर पर युवाओं को प्रशासन से जोड़ने का अभियान चलाना होगा।

—हाल के वर्षों में इंसरजेंट ग्रुप का गठजोड़ आपराधिक समूहों के साथ बढ़ा है, जिससे न केवल इनके द्वारा उत्पन्न चुनौती विनाशक हो गई है, बल्कि इसके कारण स्थानीय स्तर पर इनकी पकड़ भी मजबूत हो गयी है। सबसे पहले इस गठजोड़ को तोड़ना होगा। साथ ही उनकी फंडिंग के विभिन्न स्रोतों की पहचान कर उन पर रोक लगाना अतिआवश्यक है।

—इस क्षेत्र के लोगों में भारत की शेष भूमि के प्रति और भारत के अन्य क्षेत्रों के लोगों में पूर्वोत्तर के विषय मे धारणा प्रबंधन अधिक आवश्यक हो गया है। इन क्षेत्रों को देश के अन्य भागों से जोड़ने की जरूरत है, जिससे बंधुत्व की भावना का विकास हो सके। इस दिशा में एक भारत श्रेष्ठ भारत अभियान के तहत कार्य किया जा रहा है। देश के अन्य भागों में पूर्वोत्तर राज्यों के लोगों के साथ होने वाले भेदभाव पर रोक लगानी होगी।

—संसाधन सम्पन्न लेकिन आर्थिक रूप में अत्यधिक पिछड़े इस क्षेत्र में आर्थिक विकास को सुनिश्चित कर स्थानीय स्तर पर युवाओं को विप्लवकारी संगठनों से जुड़ने से रोका जा सकता है। इसके लिए न केवल भारत की मुख्य भूमि से इस हिस्से के प्रभावी सम्पर्क को सुनिश्चित करना होगा बल्कि साथ ही लुक ईस्ट और एक्ट ईस्ट नीति के तहत दक्षिण पूर्वी एशियाई देशों के बाजार तक इन्हें जोड़ना होगा। यहाँ रोजगार के विभिन्न विकल्पों की खोज करनी होगी तथा निवेशकों को निवेश करने के लिए प्रोत्सहित भी करना होगा। असम के समान ही ग्लोबल इन्वेस्टर्स समिट आयोजित करने, व्यापार और निवेश एग्जीबिशन लगाने पर जोर दिया जाना आवश्यक है।

अध्याय 5

संगठित अपराध : अर्थ और आशय

भारत सरकार के गृह मंत्रालय के अनुसार संगठित अपराध में कोई भी निरन्तर रूप से चलने वाली अवैधानिक गतिविधि शामिल होती है जो किसी एक व्यक्ति द्वारा अकेले अथवा संयुक्त रूप से या किसी संगठित सिंडिकेट अथवा गिरोह के सदस्य के रूप में या सिंडिकेट के तरफ से की जाती है। इस कृत्य में हिंसा के प्रयोग, हिंसा के प्रयोग की चेतावनी, भयादोलन और बाध्यतामूलक तत्वों का इस्तेमाल अवैधानिक तरीके से मौद्रिक लाभ प्राप्त करने के लिए किया जाता है अथवा इससे अनुचित आर्थिक लाभ प्राप्त करने अथवा प्राप्त कराने की कोशिश और विप्लवकारी गतिविधियों को बढ़ावा देने का कार्य किया जाता है।

संगठित अपराधों से निपटने के लिए महाराष्ट्र सरकार द्वारा बनाए गए कानून मकोका में संगठित अपराध को परिभाषित करते हुए कहा गया है, संगठित अपराध किसी व्यक्ति द्वारा संयुक्त रूप में निरंतर की जाने वाली एक अवैधानिक गतिविधि है। इस गतिविधि को संगठित अपराध के सिंडिकेट के सदस्य के रूप में हिंसा के प्रयोग, हिंसा करने की चेतावनी, भयादोलन अथवा बल का प्रयोग कर संपन्न किया जाता है। संगठित अपराध मुख्यत: आर्थिक अथवा मौद्रिक लाभ या अनुचित लाभ लेने की मंशा से संपन्न किया जाता है।

पारराष्ट्रीय संगठित अपराध पर संयुक्त राष्ट्र अभिसमय, 2000 के अनुसार, जब प्रत्यक्ष अथवा अप्रत्यक्ष रूप से आर्थिक या अन्य लाभों के लिए तीन या इससे अधिक व्यक्तियों का संगठित दल गंभीर अपराध करने के लिए सामूहिक स्तर पर कार्य करता है तो ऐसा अपराध संगठित अपराध की श्रेणी में आता है। संयुक्त राष्ट्र के अनुसार ऐसे अपराधों को ही संगठित अपराधों में शामिल किया जाता है जिसमें सजा कम से कम 4 वर्ष की दी गई हो।

संगठित अपराधों की विशेषता

इसका सर्वाधिक प्रमुख उद्देश्य अनुचित आर्थिक अथवा मौद्रिक लाभ प्राप्त करना होता है।

संगठित अपराध के तहत कानून और व्यवस्था को चुनौती देते हुए अवैधानिक कृत्य किया जाता है।

संगठित अपराध एक निरंतर चलने वाला आपराधिक और षड्यंत्रकारी कृत्य है।

संगठित अपराध संपन्न करने के लिए संगठित अपराधियों की एक पदसोपानीय संरचना होती है जिसमें आदेश और निर्देश का पदसोपानीय क्रम बना रहता है।

संगठित अपराध अनिवार्य रूप से भ्रष्ट आचरण और भ्रष्टाचार को बढ़ावा देता है और समाज में अपराध हिंसा और सामाजिक अस्थिरता को इससे बल मिलता है। संगठित अपराध करने वाले अपने लक्ष्य प्राप्ति के मार्ग में बाधक तत्वों का भयादोलन करने और हिंसक साधनों का उपयोग करने पर जोर देते हैं।

संगठित अपराध की वर्तमान समय में एक खास विशेषता यह है कि इसका आतंकवादियों से अंतरसंपर्क एक चुनौती के रूप में उभरा है। इस रूप में संगठित अपराध राष्ट्रीय सुरक्षा, आंतरिक सुरक्षा और देश की प्रादेशिक अखंडता के लिए एक चुनौती के रूप में है।

संगठित अपराधों का वर्गीकरण

संगठित अपराधों को पारंपरिक और आधुनिक संगठित अपराधों के रूप में वर्गीकृत किया जा सकता है। पारंपरिक संगठित अपराधों में डकैती, लूट, माफिया गिरोह अथवा गैंगस्टर, गैंबलिंग, अनैतिक देह व्यापार, आपराधिक षड्यंत्र आदि शामिल हैं।

आपराधिक षड्यंत्र को भारतीय दंड संहिता की धारा 120 बी में परिभाषित किया गया है। इसमें कहा गया है कि जब दो या दो से अधिक व्यक्ति एक अवैधानिक कृत्य करने के लिए सहमत होते हैं या करते हैं या योजना बनाते हैं तो इसे संगठित अपराध के रूप में आपराधिक षड्यंत्र करना माना जाता है।

डकैती भारत में संगठित अपराध का सबसे पुराना रूप रहा है जो लूट और फिरौती के उद्देश्य से किया जाता था और इसे भारतीय दंड संहिता में परिभाषित भी किया गया है। भारतीय दंड संहिता की धारा 391 में कहा गया है कि जब पाँच या अधिक व्यक्ति मिलकर लूट या रॉबरी की घटना को अंजाम देते हैं या इसका प्रयास करते हैं तो इसे डकैती कहते हैं। इस कृत्य में मदद करने वाले सभी व्यक्ति डकैती की घटना को अंजाम देने वाले माने जाते हैं और इसमें आजीवन कारावास तक की सजा का प्रावधान किया गया है।

गैंगस्टर और संगठित अपराध—गैंग (गिरोह) अथवा गैंगस्टर (माफिया गिरोह) के आपराधिक लक्ष्यों को समझने के पूर्व इसका आशय समझना आवश्यक है। आमतौर पर गिरोह या गैंग का आशय व्यक्तियों के ऐसे समूह से है जो स्वयं अपने लिए अथवा किसी अन्य के लिए अनुचित आर्थिक, भौतिक या अन्य लाभ

को प्राप्त करने के उद्देश्य से सार्वजनिक व्यवस्था में असंतुलन पैदा करते हैं और समाज विरोधी गतिविधियों में लिप्त होते हैं। इस क्रम में अपने मौद्रिक उद्देश्यों की प्राप्ति के लिए गिरोह अथवा गैंगस्टर द्वारा हिंसा का प्रयोग, हिंसा का प्रयोग करने की चेतावनी, बल और धमकी का इस्तेमाल व्यक्तिगत अथवा सामूहिक स्तर पर किया जाता है। गैंग और गैंगस्टर की आपराधिक गतिविधियों से निपटने के लिए कोई सुस्पष्ट कानून नहीं है। उत्तर प्रदेश में इससे निपटने के लिए उत्तर प्रदेश गैंगस्टर एंड एंटी सोशल एक्टिविटी प्रीवेंशन एक्ट, 1986 बनाया गया था और इसके तहत गैंग को व्यक्तियों के उस समूह के रूप में परिभाषित किया गया जो अकेले या सामूहिक रूप से अवांछित राजनीतिक, भौतिक और आर्थिक लाभों को लेने के लिए हिंसा के प्रयोग में लिप्त रहता है और राष्ट्रविरोधी गतिविधियों में भी संलग्न रहता है। इसके तहत फिरौती के लिए अपहरण, किसी एयरक्राफ्ट को निशाना बनाना सांप्रदायिक तनाव को बढ़ावा देना आदि कार्य किया जाता है। भारत में कुछ प्रमुख क्रिमिनल गैंग्स में शामिल हैं : दाऊद गैंग, छोटा राजन गैंग, अमर नायक, वीरप्पन गैंग, लतीफ़ गैंग और राशिद गैंग इत्यादि।

मादक पदार्थों की तस्करी और आंतरिक सुरक्षा के समक्ष चुनौती

नशीले पदार्थों अथवा मादक पदार्थों की तस्करी समाज और कानून व्यवस्था को प्रभावित करने वाले सबसे गंभीर संगठित अपराधों में से एक के रूप में उभरा है जो वस्तुतः पारराष्ट्रीय प्रकृति का है। भारत भौगोलिक रूप से स्वर्णिम चंद्र (पाकिस्तान, अफ़ग़ानिस्तान और ईरान) और स्वर्णिम त्रिभुज (थाईलैंड, म्यांमार और लाओस) के मध्य अवस्थित है और भारत इन क्षेत्रों में नार्कोटिक ड्रग्स के लिए एक पारगमन मार्ग (ट्रांजिट रूट) के रूप में देखा जाता है। भारत में नशीले पदार्थों का अवैध तरीके से उत्पादन और उसका क्रय-विक्रय होता है। भारत में जिन मादक पदार्थों की तस्करी होती है उनमें प्रमुख हैं : हेरोइन, हशीश, अफीम, कैनाबीस, ब्राउन शुगर, स्मैक, कोकीन, एंफेटामाइन, गांजा, चरस, मार्फीन, मेथाडोन आदि।

कोकीन और एंफेटामाइन जैसे नशीले पदार्थों को भारत में भारी मात्रा में समय-समय पर जब्त किया जाता रहा है। वर्ष 2018 में संयुक्त राष्ट्र संघ के अभिकरण इंटरनेशनल नारकोटिक्स कंट्रोल बोर्ड की वार्षिक रिपोर्ट में स्पष्ट किया गया था कि भारत में अवैध ड्रग तस्करी एक संगठित अपराध के रूप में तेजी से पनप रहा है और इस रिपोर्ट के अनुसार वर्ष 2016 में अकेले भारत में 300 टन कैनाबीस हर्ब (गांजा) जब्त किया गया था जो पूरे विश्व के कैनाबीस हर्ब तस्करी का 6 प्रतिशत था और वर्ष 2017 में इसमें वृद्धि हुई और 353 टन कैनाबीस हर्ब यहाँ जब्त किया गया। रिपोर्ट में बताया गया है कि म्यांमार और मणिपुर की

अंतर्राष्ट्रीय सीमा पर हेरोइन, ब्राउन शुगर और एंफेटामाइन की तस्करी में वृद्धि हुई है और इससे सर्वाधिक प्रभावित जिले मणिपुर के चंदेल और उखरूल हैं। भारत के नारकोटिक्स कंट्रोल ब्यूरो ने भी ड्रग ट्रैफिकिंग को एक संगठित अपराध के रूप में आंतरिक सुरक्षा के समक्ष बड़ी चुनौती माना है। नारकोटिक कंट्रोल ब्यूरो ने सितंबर 2019 में एक ग्लोबल ड्रग सिंडिकेट के खिलाफ कार्यवाही की जो भारत की राजधानी में कोकीन स्मगलिंग को बढ़ावा दे रहा था। सितंबर 2019 में ही लगभग 125 करोड़ रुपए मूल्य वाले 25 किलोग्राम हेरोइन बेचने वाले मणिपुरी ड्रग तस्करों को गिरफ्तार किया गया था। वर्ष 2018 में भी मुंबई में एंटी नारकोटिक्स सेल ने 1000 करोड़ रुपए मूल्य के ड्रग्स को जब्त किया था। इस ड्रग का नाम फेंटेलिन था जिसे नशीले पदार्थ के रूप में प्रयोग में लाया जाता है। उल्लेखनीय है कि हाल के समय में उत्तर पूर्वी भारतीय राज्यों में पार्टी ड्रग के रूप में एंफेटामाइन की तस्करी में वृद्धि हुई है।

नशीले पदार्थों की तस्करी निम्नलिखित रूप में आंतरिक सुरक्षा के समक्ष एक चुनौती के रूप में है—

—कानून और व्यवस्था पर चोट और आतंक और विप्लवकारी गतिविधियों का वित्तपोषण।

—उत्तर पूर्वी भारत में उग्रपंथी विप्लवकारी समूहों को फंडिंग करने में सहायक जिससे पृथकतावादी आंदोलन को बढ़ावा मिलता है।

—भारतीय अर्थव्यवस्था को क्षति और एक समानांतर निकाय के रूप में काम करना।

—युवाओं में ड्रग एडिक्शन को बढ़ावा देकर राष्ट्र विरोधी गतिविधियों, अलगाववादी और पृथकतावादी गतिविधियों को बढ़ावा देना।

नशीले पदार्थों की तस्करी की समस्या दो बातों के चलते अधिक गंभीर हो जाती है :

पहला, ड्रग यूज़ और ड्रग एब्यूज।

दूसरा, ड्रग्स पर निर्भरता (ड्रग डिपेंडेंसी) और ड्रग्स का दुर्व्यसन (ड्रग एडिक्शन)।

ड्रग्स पर बढ़ती निर्भरता के दो परिणाम सामने आते हैं—

पहला, युवा वर्ग का दुर्ग व्यसन का शिकार होना और अवैधानिक या राष्ट्र विरोधी गतिविधियों में शामिल होना।

दूसरा, मादक पदार्थों के तस्करों द्वारा तस्करी को बढ़ावा मिलना यानि उपभोग में वृद्धि और माँग में भी वृद्धि।

भारत सरकार के सामाजिक न्याय और अधिकारिता मंत्रालय ने नशीले पदार्थों के दुरुपयोग और उन पर भारतीयों की निर्भरता से संबंधित सर्वेक्षण को वर्ष 2019

में संपन्न कराया जिसका शीर्षक था नेशनल सर्वे ऑन एक्सटेंट एंड पैटर्न ऑफ सब्सटेंस यूज इन इंडिया। सर्वे में निष्कर्ष दिया गया कि 14.6% भारतीयों की अल्कोहल पर निर्भरता है जिनकी कुल संख्या लगभग 16 करोड़ है। भारत में प्रत्येक तीसरे अल्कोहल उपभोगकर्ता को ड्रग एडिक्शन से जुड़ी समस्या के लिए त्वरित सहायता की आवश्यकता की बात इसमें की गई है। छत्तीसगढ़, त्रिपुरा, पंजाब, अरुणाचल प्रदेश और गोवा में इसकी उच्च प्रचलन दर है। सर्वे में उल्लेख है कि 2.8 प्रतिशत भारतीय (लगभग 3.1 करोड़) कैनाबीस (भांग, गांजा और चरस) पर अति निर्भरता से ग्रसित हैं और इसकी उच्च प्रचलन दर उत्तर प्रदेश, पंजाब, सिक्किम, दिल्ली और छत्तीसगढ़ में है। सर्वे में इंगित किया गया है कि 1.14 प्रतिशत भारतीय अफीम पर आवश्यकता से अधिक निर्भर हैं। इसकी उच्च प्रचलन दर पंजाब, हरियाणा, नागालैंड, मणिपुर, मिज़ोरम और सिक्किम में है।

समाधान की राहें

भारत सरकार नशीले पदार्थों की तस्करी को संगठित अपराध के रूप में प्रस्तुत करने वाले संयुक्त राष्ट्र के अभिसमयों का अंग है और इन पर हस्ताक्षर और अनुमोदन कर रखा है। भारत ने नशीले पदार्थों पर संयुक्त राष्ट्र एकल अभिसमय पर हस्ताक्षर और उसका अनुसमर्थन कर रखा है। इसके अलावा भारत ने वर्ष 1971 के स्वापक पदार्थ (साइकॉट्रॉपिक सब्सटेंसेज) पर हुए अभिसमय पर भी हस्ताक्षर किया और उसका अनुसमर्थन भी कर रखा है। भारत ने वर्ष 1988 के नशीले पदार्थों और स्वापक तत्वों की अवैधानिक तस्करी विरोधी अभिसमय पर भी हस्ताक्षर किया और उसका अनुसमर्थन भी। इस अभिसमय से पूर्व के संयुक्त राष्ट्र के अभिसमयों के अनुपालन के क्रम में भारत सरकार ने वर्ष 1985 में भारतीय संसद में नशीले पदार्थों और स्वापक पदार्थ अधिनियम को अधिनियमित किया था। इस अधिनियम में इन पदार्थों और तत्वों के कृषि, उत्पादन, आयात, निर्यात, क्रय-विक्रय, उपयोग और उपभोग और स्वामित्व पर प्रतिबंध लगा दिया गया था। चिकित्सकीय प्रयोग और वैज्ञानिक अनुसंधान के संबंध में इसके प्रयोग को अपवाद बनाया गया है। भारत सरकार ने 1988 में नार्कोटिक ड्रग्स और साइकोट्रॉपिक सब्सटेंस के अवैध तस्करी के निरोध हेतु अधिनियम बनाया। इसमें ड्रग तस्करी में संलग्न संदिग्ध लोगों या आरोपियों के निवारक निरोध का प्रावधान किया गया है। 1989 में एनडीपीएस एक्ट में संशोधन किया गया और न्यूनतम दंड 10 वर्ष और जमानत पर प्रतिबंध तय किया गया। इसके साथ ही इसमें संपत्ति को ज़ब्त करने और स्पेशल कोर्ट द्वारा सुनवाई किए जाने का भी प्रावधान किया गया है। इस एक्ट में कुछ अपराधों की बार-बार पुनरावृत्ति करने वाले को अनिवार्य मृत्युदंड देने का

प्रावधान है। एनडीपीएस एक्ट संशोधन अधिनियम, 2001 में दंड को ड्रग्स की मात्रा (अपराध में) देखते हुए निर्धारित करने की बात की गई है। इसमें तीन भागों में नार्कोटिक ड्रग्स की मात्रा का वर्गीकरण किया गया है। लघु स्तर, मध्यम स्तर, वाणिज्यिक स्तर पर अपराध।

भारत सरकार ने नशीले पदार्थों की तस्करी को रोकने के लिए एक नए दृष्टिकोण के साथ वर्ष 2014 में नेशनल पॉलिसी फॉर ड्रग डिमांड रिडक्शन बनाया। इस नीति में निम्नलिखित बातों पर बल दिया गया है—

—शिक्षा व जागरुकता का प्रसार

चार और पुनर्वास पर बल (होल पर्सन रिकवरी)।

—डी एडिक्शन सेंटर अथवा नशा मुक्ति केंद्रों का गठन।

—मानसिक रोगियों के लिए चिकित्सालय और नर्सिंग होम का गठन।

—क्षमता निर्माण पर बल और ड्रग्स के क्षेत्र में सेवा प्रदाताओं की ट्रेनिंग पर बल।

—नशीले पदार्थों के दुर्व्यसन में लगे लोगों का कौशल विकास।

भारत सरकार के गृह मंत्रालय ने नवंबर, 2016 में नार्को कोऑर्डिनेशन सेंटर का गठन किया है और नारकोटिक्स नियंत्रण के लिए राज्यों की वित्तीय सहायता की स्कीम को फिर से लाने का निर्णय किया था।

भारत सरकार द्वारा नशीले पदार्थों की तस्करी पर नियंत्रण के लिए म्यांमार, थाईलैंड, मोजांबिक, सिंगापुर और ऑस्ट्रेलिया से द्विपक्षीय समझौता किया है।

इसके अलावा भारत सरकार ने नेशनल फंड फॉर कंट्रोल ड्रग एब्यूज का गठन किया है। इसमें दुर्व्यसन के शिकार लोगों का उपचार और पुनर्वास और आम जनता में ड्रग साक्षरता पर बल दिया गया है।

नशीले पदार्थों और स्वापक तत्वों पर राष्ट्रीय नीति, 2012

नशीले पदार्थों की विभीषिका को एक समग्र तरीके से निपटने के लिए विभिन्न मंत्रालयों, विभागों, राज्य सरकारों, अंतर्राष्ट्रीय संगठनों, गैर सरकारी संगठनों के लिए दिशा निर्देशक के रूप में 2012 में यह राष्ट्रीय नीति भारत सरकार द्वारा लाई गई थी। इस नीति में दो बातों पर विशेष बल दिया गया था :

—मादक पदार्थों के दुर्व्यसन के शिकार लोगों के उपचार, पुनर्वास और सामाजिक एकीकरण के लिए सरकार की भूमिका को सुनिश्चित करना।

—ड्रग डिमांड में कटौती के उद्देश्य से इस नीति में विभिन्न मंत्रालयों, विभागों के निम्नलिखित भूमिकाओं का स्पष्ट किया जाना—

ड्रग दुरुपयोग पर राष्ट्रीय सर्वेक्षण कराना।

दुर्व्यसन को दूर करने हेतु सरकारी अस्पतालों में डॉक्टरों का प्रशिक्षण।

—नशा मुक्ति और उपचार केंद्रों के गठन में अन्य चिकित्सालयों को समर्थन प्रदान करना।

—महिला रोगियों के लिए पृथक सुविधा और केंद्रों का गठन।

—डी एडिक्शन केंद्रों में पालन किए जाने वाले देखभाल के न्यूनतम मानकों को विकसित करना।

—सरकार द्वारा चलाए जा रहे सभी उपचार केंद्रों में ड्रग के दुरुपयोग के शिकार लोगों के पुनर्वास और सामाजिक पुनः एकीकरण कार्यक्रमों का समावेश।

नेशनल एक्शन प्लान फॉर ड्रग डिमांड रिडक्शन (2018-2023)

संयुक्त राष्ट्र संघ के अभिसमयों और एनडीपीएस एक्ट, 1985 तथा एनडीपीएस पॉलिसी, 2012 के अनुपालन में भारत सरकार ने नेशनल एक्शन प्लान फॉर ड्रग डिमांड रिडक्शन (2018-2023) निर्मित की है जिसमें नशीले पदार्थों के दुरुपयोग से बचने के लिए एक बहुआयामी रणनीति तय की गई है जिसमें शिक्षा, दुर्व्यसन से बचाव और प्रभावित लोगों और उनके परिवारों के पुनर्वास पर बल दिया गया है। इसके निम्नलिखित उद्देश्य हैं—

—व्यक्ति, परिवार, कार्यस्थल और समाज के स्तर पर मादक पदार्थों के दुरुपयोग को रोकने के लिए जागरुकता पैदा करना और लोगों को इस संदर्भ में शिक्षित करना। साथ ही समाज में ऐसे लोगों को पुनः एकीकृत करने के लिए प्रयास करना।

—इन उद्देश्यों की प्राप्ति की दिशा में कार्य करने के लिए मानव संसाधनों का विकास और क्षमता निर्माण पर बल देना।

—उपर्युक्त उद्देश्यों की प्राप्ति के लिए अनुसंधान, प्रशिक्षण, अभिलेखीकरण, नवाचार और प्रासंगिक सूचनाओं का संग्रहण करना।

—दुर्व्यसनियों के होल पर्सन रिकवरी के लिए समुदाय आधारित सेवाओं पर बल दिया जाना जिससे काउंसलिंग, पुनर्वास आदि की पहचान हो सके और इस उद्देश्य के लिए अभिप्रेरणा उपलब्ध कराना।

—ड्रग डिमांड रिडक्शन के लिए एक बहु अभिकरण दृष्टिकोण को अपनाने के लिए व्यापक दिशानिर्देशों, योजना और कार्यक्रमों को लागू करने पर जोर।

वन्य जीवों की तस्करी संगठित अपराध के रूप में

संकटापन्न जीव जंतुओं अथवा वन्यजीवों का अवैध व्यापार और आर्थिक लाभ

के लिए उनकी तस्करी एक संगठित अपराध के रूप में उभरा है। आंतरिक सुरक्षा के लिए यह चुनौती इस रूप में है कि वन्यजीवों की तस्करी से प्राप्त अवैध धन का आतंक के वित्तपोषण में इस्तेमाल किया जा सकता है और इसके कई प्रमाण राष्ट्रीय और अंतर्राष्ट्रीय स्तर पर मिले हैं। वन्यजीवों के आर्थिक रूप से लाभप्रद अंगों को बेचकर लाभ प्राप्त करने का प्रयास इसे एक संगठित अपराध बना देता है। उल्लेखनीय है कि दक्षिण पूर्वी एशियाई देशों और पूर्वी एशियाई देशों में विशेषकर चीन, मलेशिया, सिंगापुर और थाईलैंड आदि में विभिन्न भारतीय वन्यजीवों की अंतर्राष्ट्रीय माँग उच्च स्तर पर है जिसका उपयोग पारंपरिक औषधियाँ बनाने में होता है, जिससे कई लाइलाज बीमारियों का समाधान हो सके।

भारत में एक सिंगी गेंडे जो काजीरंगा में पाए जाते हैं, तेंदुआ, पैंगोलिन, समुद्री कछुआ, नेवलों, हाथी दाँत, ब्लैकबक, शहतूत की साल के लिए तिब्बती एंटीलोप की तस्करी, समुद्री खीरे की तस्करी आदि एक संगठित अपराध के रूप में उभरा है। यद्यपि भारत सरकार ने वन्य जीव संरक्षण अधिनियम, 1972 के तहत विभिन्न प्रजातियों के वन्यजीवों और वनस्पतियों के व्यापार को प्रतिबंधित करते हुए संकटापन्न जीव जंतुओं के संरक्षण के लिए 6 शेड्यूल बनाए हैं लेकिन इसके बावजूद पैंगोलिन जैसे जीवों की भारत में अवैध तस्करी बड़े पैमाने पर जारी है। उत्तर पूर्वी राज्यों में जहाँ अलगाववादी, पृथकतावादी आंदोलन और उसके लिए विप्लवकारी गतिविधियाँ चलाई जाती हैं, वहाँ वन्यजीवों की तस्करी से प्राप्त धन का इंसरजेंसी फंडिंग अथवा आतंक के वित्तपोषण में योगदान की संभावना से इंकार नहीं किया जा सकता।

भारत सरकार ने 22 मई, 2019 को संकटापन्न जीव-जंतुओं विशेषकर पैंगोलिन, स्टार कछुवों और ग्रेट इंडियन बस्टर्ड के बारे में जानकारी, उनके अंगों के दुरुपयोग के बारे में जानकारी आदि को देश के सभी प्रमुख एयरपोर्टों पर अनिवार्य रूप से लगाने का दिशा निर्देश जारी किया है।

इस संगठित अपराध से निपटने के लिए आसूचना तंत्र को मजबूत बनाना, वाइल्ड लाइफ क्राइम कंट्रोल ब्यूरो जैसे संगठनों की भूमिका को और गतिशील बनाना, सुरक्षाबलों और अर्धसैनिक बलों, विशेषकर जिनकी एयरपोर्ट और बंदरगाहों पर तैनाती है, उन्हें विशेष जिम्मेदार बनाना और भारत सरकार के पर्यावरण मंत्रालय और राज्य सरकारों के मध्य सहयोग और समन्वय के जरिए वन्य जीवों की तस्करी से निपटने के लिए समग्र रणनीति का विकास किया जाना चाहिए।

अध्याय 6

साइबर अपराध : एक संगठित अपराध के रूप में

साइबर अपराध एक संगठित अपराध के रूप में भारत की आंतरिक सुरक्षा के समक्ष एक चुनौती के रूप में उपस्थित है। साइबर अपराधों की अभिव्यक्ति साइबर हमलों के रूप में की जाती है जिसमें आतंकियों द्वारा इंटरनेट के माध्यम से किए जाने वाले हमले भी शामिल हैं। मूल रूप में साइबर सुरक्षा देश के साइबर स्पेस (अति महत्त्वपूर्ण अवसंरचनाओं) को हमलों, क्षतियों, दुरुपयोग और आर्थिक जासूसी से संरक्षण प्रदान करने की प्रक्रिया है। इन महत्त्वपूर्ण अवसंरचनाओं में प्रमुख हैं—सरकारी तंत्र, बैंकिंग, दूरसंचार, नाभिकीय संयंत्र, सार्वजनिक क्षेत्र उपक्रम, खाद्य और कृषि, तेल और गैस, विद्युत विभाग, स्वास्थ्य तंत्र के जरूरी दस्तावेज, परिवहन आदि। इन क्षेत्रों से जुड़ी महत्त्वपूर्ण सूचनाओं और दस्तावेजों को प्राप्त करने के लिए साइबर हमले किए जाते हैं जिससे बड़े पैमाने पर आर्थिक क्षति होती है। यह देश की आर्थिक संप्रभुता के समक्ष भी चुनौती उत्पन्न करने वाली प्रक्रिया है। व्यवसाय समुदायों की सुरक्षा के लिए साइबर सुरक्षा को सुनिश्चित करना आवश्यक है। साइबर सुरक्षा में कंप्यूटर नेटवर्क, प्रोग्रामों, आँकड़ों को अनधिकृत पहुँच और हमलों से बचाने की जिम्मेदारी होती है। दूसरे शब्दों में साइबर स्पेस के तहत सूचना प्रौद्योगिकी के स्वतंत्र नेटवर्कों को सुरक्षित करना होता है। चूँकि सरकार, सेना, कॉरपोरेट सेक्टर, वित्तीय और स्वास्थ्य संगठन कंप्यूटर और अन्य ऐसे ही संयंत्रों पर भारी मात्रा में महत्त्वपूर्ण, संवेदनशील, गोपनीय सूचनाएँ एकत्रित कर उसका भंडारण और प्रसंस्करण किया जाता है। इस दृष्टि से साइबर स्पेस की सुरक्षा महत्त्वपूर्ण हो जाती है। देश की आसूचना अभिकरणों, सशस्त्र बलों से संबंधित सूचना तक यदि साइबर अपराधियों की अनधिकृत पहुँच हो जाए तो यह राष्ट्रीय और आंतरिक सुरक्षा के लिए बड़ा खतरा हो जाएगा। इस प्रकार कंप्यूटर वायरस जैसे साधनों के जरिए कम्प्यूटर नेटवर्क में जानबूझकर बड़े पैमाने पर अवरोध पैदा किया जाता है। वास्तविक दुनिया के बुनियादी ढाँचे, संपत्ति तथा किसी के जीवन को हानि पहुँचाए बिना किसी कंप्यूटर नेटवर्क को लक्षित कर उसे निशाना बनाकर

क्षति पहुँचाना ही साइबर अपराध का मुख्य लक्षण है। इसे प्रमुख रूप से हैकिंग की प्रक्रिया के जरिए संपन्न किया जाता है। हैकिंग एक ऐसी अवैधानिक प्रक्रिया है जिसमें हैकर किसी अन्य व्यक्ति की जानकारी को बिना उसकी मंजूरी के चोरी करता है। हैकर्स को तीन श्रेणियों में वर्गीकृत किया जा सकता है—

व्हाइट हैट हैकर : इस श्रेणी के हैकर अच्छे उद्देश्यों के लिए हैकिंग करते हैं। आपराधिक षड्यंत्र या मौद्रिक लाभ के लिए ये काम नहीं करते बल्कि राष्ट्रीय सुरक्षा, देश की कंपनियों के आर्थिक ढाँचों की सुरक्षा, देश के लोगों के जान-माल की सुरक्षा के लिए पुलिस प्रशासन, आसूचना इकाइयों को सहायता देने के लिए हैकिंग करते हैं। इन्हें एथिकल हैकर भी कहा जाता है। अपराधियों, आतंकियों के अवैधानिक मंसूबों को पूरा ना होने देने के लिए ये अपनी सेवाएँ देते हैं।

ब्लैक हैट हैकर : इस श्रेणी के हैकर आपराधिक गतिविधि, षड्यंत्र के जरिए मुख्य रूप से आर्थिक मौद्रिक लाभ के लिए हैकिंग करते हैं। इन्हें क्रैकर्स भी कहा जाता है। ऐसे हैकर निजी जानकारियों को चुराने, किसी के बैंकिंग या सोशल मीडिया अकाउंट्स को हैक कर प्राप्त की गई सूचनाओं का ऑनलाइन इस्तेमाल अधिक से अधिक धन अर्जित करने के लिए करते हैं।

ग्रे हैट हैकर : इस श्रेणी के हैकर व्हाइट और ब्लैक हैकर्स की मिली-जुली विशेषताओं वाले होते हैं। इसका आशय है कि ये हैकर कुछ समय के लिए अच्छे काम के लिए हैकिंग करते हैं, लेकिन अपनी साइबर दक्षता और कुशलता का आकलन कर कभी-कभी आकस्मिक लाभों के लिए दुर्भावनावश भी हैकिंग की घटना को संपन्न करते हैं।

साइबर अपराध के विभिन्न रूप

साइबर अपराध कंप्यूटर या इंटरनेट या किसी अन्य अंतर्संबंधित बुनियादी ढाँचे सहित आपराधिक गतिविधि को दर्शाता है। इसमें क्रेडिट कार्ड धोखाधड़ी, अवैध डाउनलोडिंग, औद्योगिक जासूसी, चाइल्ड पोर्नोग्राफ़ी, घोटाले, साइबर आतंकवाद, वायरस के वितरण, स्पैम जैसे अपराध और गतिविधियाँ शामिल होती हैं। साइबर अपराध को निम्नलिखित रूपों में देखा जा सकता है—

डार्क नेट और साइबर अपराध

इंटरनेट पर ऐसी कई वेबसाइटें हैं जो आमतौर पर प्रयोग किये जाने वाले गूगल, बिंग जैसे सर्च इंजनों और सामान्य ब्राउज़िंग के दायरे से परे होती हैं। इन्हें डार्क नेट या डीप नेट कहा जाता है। सामान्य वेबसाइटों के विपरीत यह एक ऐसा नेटवर्क

होता है जिस तक लोगों के चुनिंदा समूहों की पहुँच होती है और इस नेटवर्क तक विशिष्ट ऑथराइज़ेशन प्रक्रिया, सॉफ्टवेयर और कन्फिग्यूरेशन के माध्यम से ही पहुँचा जा सकता है।

सूचना प्रौद्योगिकी अधिनियम, 2000 देश में सभी प्रकार के प्रचलित साइबर अपराधों को संबोधित करने के लिये वैधानिक रूपरेखा प्रदान करता है। ऐसे अपराधों के नोटिस में आने पर कानून प्रवर्तन एजेंसियाँ इस कानून के अनुसार ही उचित कार्रवाइयाँ करती हैं। नारकोटिक्स कंट्रोल ब्यूरो के रिकॉर्ड के अनुसार 2015 से 2017 की अवधि में विभिन्न दवा कानून प्रवर्तन एजेंसियों द्वारा चार मामले दर्ज किये गए थे जिनमें नारकोटिक ड्रग्स और साइकोट्रोपिक पदार्थों की बिक्री और खरीद के लिये 'डार्क नेट' का इस्तेमाल किया गया था।

डार्क वेब और डीप वेब के ज़रिए साइबर अपराध

डार्क वेब अथवा डार्क नेट इंटरनेट का वह भाग है जिसे आमतौर पर प्रयुक्त किये जाने वाले सर्च इंजन से एक्सेस नहीं किया जा सकता। इसका इस्तेमाल मानव तस्करी, मादक पदार्थों की खरीद और बिक्री, हथियारों की तस्करी जैसी अवैध गतिविधियों में किया जाता है। डार्क वेब की साइट्स को टॉर एन्क्रिप्शन टूल की सहायता से छुपा दिया जाता है जिससे इन तक सामान्य सर्च इंजन से नहीं पहुँचा जा सकता। इन तक पहुँच के लिये एक विशेष ब्राउज़र टॉर (TOR) का इस्तेमाल किया जाता है, जिसके लिये ऑनियन राउटर (Onion Router) शब्द का भी प्रयोग किया जाता है, क्योंकि इसमें एकल असुरक्षित सर्वर के विपरीत नोड्स के एक नेटवर्क का उपयोग करते हुए परत-दर-परत डाटा का एन्क्रिप्शन होता है। जिससे इसके प्रयोगकर्त्ताओं की गोपनीयता बनी रहती है। समग्र इंटरनेट का 96% भाग डार्क वेब से निर्मित है, जबकि सतही वेब केवल 4% है। सिल्क रोड मार्केटप्लेस नामक वेबसाइट डार्क नेटवर्क का एक प्रसिद्ध उदाहरण है जिस पर हथियारों सहित विभिन्न प्रकार की अवैध वस्तुओं की खरीद और बिक्री की जाती थी।

साल 2001 में कम्प्यूटर साइंटिस्ट माइकल के बर्गमैन ने 'डीप वेब' टर्म इजाद की। डीप वेब का कॉन्टेंट सर्च नहीं किया जा सकता। इसका कॉन्टेंट एचटीएमएल फॉर्म में छिपा रहता है। डीप वेब में कई वेबसाइट छिपी हैं। इन्हें एक्सेस करने के लिए स्पेशल ब्राउज़र जैसे डकडकगो की ज़रूरत होती है। यहाँ ड्रग्स की ख़रीद-फ़रोख्त और ऐसे ही कई ग़ैरक़ानूनी व्यापार बेखटके चलते हैं। डार्क वेब पर क्रोम या मोज़िला के ज़रिये नहीं पहुँचा जा सकता।

रैंसमवेयर कंप्यूटर वायरस

रैंसमवेयर एक ऐसा कंप्यूटर प्रोग्राम होता है, जो किसी की इजाजत के बगैर कंप्यूटर में अनधिकृत तरीके से प्रवेश कर जाता है और कंप्यूटर में जितनी भी जानकारी होती है, सबको अवरुद्ध कर देता है और जिसके कंप्यूटर सिस्टम को ब्लॉक करता है उससे बिटकॉइन पर 300 से 600 डॉलर फिरौती की रकम जमा करने की माँग करता है और ऐसा न करने पर सिस्टम को न चलने देने की चेतावनी देता है। फिरौती दे देने पर साइबर हमलाकर्ता कंप्यूटर एक्सेस दे देता हैं और डाटा एक्सेस कर पाना संभव हो पाता है। फिरौती नहीं देने की स्थिति में हमलकर्ता के पास सदैव के लिए डाटा चला जाता है।

ऑनलाइन सोशल इंजीनियरिंग हमले

भारत सरकार के गृह मंत्रालय ने सरकारी अधिकारियों को ऑनलाइन सोशल इंजीनियरिंग हमले से सतर्क रहने की चेतावनी दिया है। इसके तहत कोई व्यक्ति अनधिकृत तरीके से टेलीफोन या ईमेल के जरिए किसी संवेदनशील सरकारी सूचना तक पहुँच बनाने की कोशिश करता है। इसमें फोन या ईमेल करने वाला व्यक्ति जिस संगठन का प्रतिनिधित्व करने का दावा करता है, उसकी और अपनी व्यक्तिगत पहचान को सत्यापित नहीं करता। इसलिए गृह मंत्रालय ने ऐसे अपुष्ट फोन और ईमेल को नजरअंदाज करने के निर्देश भी जारी किए हैं।

साइबर स्टॉकिंग

साइबर स्टॉकिंग एक गंभीर साइबर अपराध है जिसमें सोशल मीडिया, इंटरनेट अथवा ऑनलाइन स्तर पर ईमेल के जरिए किसी व्यक्ति, समूह अथवा संगठन को बदनाम करने, उसकी प्रतिष्ठा को चोट पहुँचाने, भयभीत करने के लिए बार-बार संदेश भेजा जाता है। यह साइबर स्पेस में सक्रिय किसी व्यक्ति के चिंता और भय का कारण बनता है। साइबर स्टाकर्स अक्सर इंटरनेट की गुमनामी का लाभ उठाते हैं जो उन्हें बिना पता लगे अपनी गतिविधियों को जारी रखने की अनुमति देता है। यह व्यक्तियों के व्यक्तिगत जीवन में घुसपैठ करके, उनके मित्र मंडली, परिवार के सदस्यों से संपर्क करके या इलेक्ट्रॉनिक रूप से लक्षित व्यक्ति को नकली पत्र और मेल भेजकर संभव है। साइबर स्टॉकिंग एक व्यक्ति को मनोवैज्ञानिक रूप से परेशान करता है। इसलिए इसे कभी-कभी मनोवैज्ञानिक आतंकवाद कहा जाता है। लगभग

90 प्रतिशत स्टॉकर्स पुरुष हैं तथा लगभग 80 प्रतिशत महिलाएँ इस तरह के उत्पीड़न का शिकार हैं।

बौद्धिक संपदा की चोरी

बौद्धिक संपदा का एक आर्थिक मूल्य होता है। इसमें नवाचार, कौशल अनुसंधान के जरिए व्यक्ति सृजन, आविष्कार अथवा खोज करता है। बौद्धिक संपदा को पेटेंट और ट्रेडमार्क, औद्योगिक डिजाइन के साथ ही वीडियो और संगीत पर कॉपीराइट के साथ संरक्षित किया जाता है। ट्रेड सेक्रेट्स की डिजिटल स्तर पर चोरी कर व्यक्ति की बौद्धिक संपदा को क्षति पहुँचाई जाती है। यह स्पष्ट है कि बाजार रहस्य और आंतरिक व्यापार जानकारी किसी भी संगठन के लिए अत्यधिक आवश्यक है। यह व्यावसायिक जानकारी विभिन्न रूपों में हो सकती है जैसे कि भविष्य के उत्पाद डिजाइन, ग्राहक सूची और मूल्य सूची आदि। इंटरनेट का उपयोग अक्सर बौद्धिक संपदा की चोरी को सुविधाजनक बनाने के लिए किया जाता है, क्योंकि नेटवर्क पर पहचान को मुखौटा बनाना आसान है।

सलामी साइबर हमला

सलामी साइबर-हमले में साइबर अपराधी और हमलावर बड़ी रकम बनाने के लिए कई बैंक खातों से बहुत कम राशि में पैसे चुराते हैं। परिवर्तन इतना महत्त्वहीन हो जाता है कि एक मामले में नोटिस करना मुश्किल होगा। मान लीजिए एक बैंक कर्मचारी बैंकिंग सॉफ्टवेयर में एक प्रोग्राम बनाता है जो प्रत्येक ग्राहक के खाते से एक कम राशि (जैसे रु 3 प्रति माह) कम करता है। यह सामान्य धारणा है कि कोई भी ग्राहक शायद इस अनधिकृत कटौती पर ध्यान नहीं देगा लेकिन यह साइबर अपराधियों के लिए फायदेमंद होगा जो बड़े पैसे कमाते हैं।

फिशिंग

यह एक तरह का कपटपूर्ण प्रयास है जो व्यक्तिगत और वित्तीय जानकारी के लिए ईमेल के माध्यम से किया जाता है। अपराधी ई-मेल भेजता है जो अच्छी तरह से ज्ञात और भरोसेमंद डोमेन पते से आता है और उसके जरिए वित्तीय जानकारी जैसे बैंक का नाम, क्रेडिट कार्ड नंबर, आधार नंबर, खाता संख्या या पासवर्ड पूछा जाता है। फ़िशिंग प्रयासों के लिए यह आम है कि ई-मेल उन साइटों और कंपनियों से आते हैं जिनके पास बैंक खाता भी नहीं है।

ई-मेल बमबारी

यह लक्षित व्यक्ति को बड़ी संख्या में ई-मेल भेजना है। ई-मेल की एक बड़ी मात्रा सर्वर पर प्राप्तकर्ता के इनबॉक्स को भर देती है या कुछ मामलों में सर्वर इतनी बड़ी मात्रा में डेटा प्राप्त करने में विफल हो जाता है तथा कार्य करना बंद कर देता है। ई-मेल बम बनाने के कई तरीके हैं जो प्राप्तकर्ता ई-मेल पते पर लगातार हजारों या लाखों ई-मेल भेजने में सक्षम हैं। इसे ई-मेल बमबारी कहा जाता है, क्योंकि प्राप्तकर्ता का इनबॉक्स बड़ी संख्या में अवांछित मेल से भर जाता है और लक्षित व्यक्ति आगे महत्त्वपूर्ण ई-मेल प्राप्त नहीं कर पाता है।

आइडेंटिटी थेफ़्ट

पहचान की चोरी एक प्रकार की धोखाधड़ी है जिसमें एक व्यक्ति किसी और के होने का दिखावा करता है और किसी और के नाम के साथ अपराध करता है। अपराधी किसी व्यक्ति को प्रतिरूपित करने के लिए नाम पता क्रेडिट कार्ड नंबर, बैंक खाता संख्या जैसी जानकारी के प्रमुख भाग चुराता है तथा उसके नाम पर अपराध करता है। अपराधी चोरी की गई व्यक्तिगत और वित्तीय जानकारी का उपयोग आपके बैंक खातों तक पहुँचने, नए खाते खोलने, बैंक शेष राशि को स्थानांतरित करने या खरीदने आदि के लिए कर सकता है।

स्पूफिंग

यह एक ऐसी तकनीक को संदर्भित करता है जिसमें कंप्यूटर तक अनधिकृत पहुँच होती है जिससे अपराधी आईपी पते के साथ नेटवर्क वाले कंप्यूटर को संदेश भेजता है। प्राप्तकर्ता को अंत में ऐसा लगता है कि संदेशों को एक भरोसेमंद स्रोत से प्रेषित किया जा रहा है। आईपी स्पूफिंग का संचालन करने के लिए एक हैकर पहले एक विश्वसनीय होस्ट आईपी एड्रेस खोजने का प्रयास करता है और फिर पैकेटों का संशोधन और परिवर्तन यह दिखाने के लिए किया जाता है कि पैकेटों को मूल होस्ट बनाया जा रहा है।

ट्रोजन हॉर्स

ट्रोजन हॉर्स पहली नज़र में उपयोगी सॉफ़्टवेयर के रूप में लगता है लेकिन वास्तव में कंप्यूटर और उसके सॉफ़्टवेयर को नुकसान पहुँचाता है क्योंकि यह स्थापित हो

जाता है। कुछ ट्रोजन आपके कंप्यूटर को दूरस्थ रूप से नियंत्रित करने के लिए दुर्भावनापूर्ण उपयोगकर्ताओं के लिए पिछले दरवाजे बनाते हैं जिससे गोपनीय और व्यक्तिगत जानकारी चोरी हो सकती है।

वायरस

एक कंप्यूटर वायरस को प्रचार करने के लिए दूसरे माध्यम की आवश्यकता होती है। दूसरे शब्दों में कंप्यूटर वायरस केवल तभी प्रभावी होता है जब यह अपने आप को किसी दुर्भावनापूर्ण प्रोग्राम या निष्पादन योग्य फ़ाइलों के साथ जोड़ता है। जब हम इन सहायक फ़ाइलों को चलाते या निष्पादित करते हैं तो वायरस अपने संक्रमण छोड़ देता है। कंप्यूटर विज्ञान के क्षेत्र में जहाँ तक हम जानते हैं कि वायरस की उत्पत्ति प्राकृतिक घटना नहीं है। इसे विस्तार पाने के लिए हमेशा मानवीय प्रयासों की जरूरत होती है। आपके सिस्टम में वायरस का अस्तित्व तब तक कंप्यूटर को नुकसान नहीं पहुँचाता जब तक कि इसकी संबंधित निष्पादन योग्य फ़ाइल या प्रोग्राम नहीं चलता।

वार्म

वार्म और वायरस दोनों ही शब्दों का आपस में प्रयोग किया जाता है लेकिन इनमें प्रमुख अंतर है, क्योंकि वार्म को सहायक संलग्न फाइलों की आवश्यकता नहीं होती है जबकि वायरस को संलग्न फाइलों की आवश्यकता होती है। सिस्टम में वार्म लगना आपके सिस्टम के प्रदर्शन को प्रभावित कर सकता है। इसके लिए किसी मानवीय गतिविधि की आवश्यकता नहीं है।

डीओएस और डीडीओएस

डिनायल ऑफ़ सर्विस हमले से कंप्यूटर सर्वर या नेटवर्क संसाधनों को अपने अधिकृत उपयोगकर्ताओं के लिए अनुपलब्ध बनाने का प्रयास होता है जो आमतौर पर अस्थायी रूप से व्यवधान या सेवाओं के निलंबन का उपयोग करते हैं। डीडीओएस डिस्ट्रीब्यूटेड डेनियल ऑफ सर्विस को संदर्भित करता है जो एक ही समय में दुर्भावनापूर्ण सॉफ़्टवेयर के साथ एक से अधिक संक्रमित सिस्टम से फैलता है। इन संक्रमित प्रणालियों को सामूहिक रूप से अटैक कहा जाता है जो दूर से लक्ष्य प्रणाली को नियंत्रित करते हैं।

पोर्नोग्राफी

पोर्नोग्राफी से तात्पर्य मुद्रित या वीडियो सामग्री जैसे किताबें, पत्रिकाओं, तस्वीरों और वीडियो-क्लिप से है जिसमें यौन उत्तेजना को प्रोत्साहित करने के उद्देश्य से यौन या गतिविधि का वर्णन या प्रदर्शन होता है। एक ही व्यक्ति पोर्नोग्राफी में उत्पादन, वितरण और डाउनलोडिंग में शामिल हो जाता है। इसके उत्पादन और वितरण के पीछे प्रेरणा वित्तीय लाभ प्राप्त करना है। तीसरा चरण—अंतिम उपयोगकर्ताओं द्वारा उनका डाउनलोड मनोरंजन करने के लिए किया जाता है।

साइबर आतंकवाद

साइबर आतंकवाद, आतंकवाद का अपेक्षाकृत एक नया रूप है जिसमें सोशल मीडिया और अन्य डिजिटल प्लेटफॉर्म्स का इस्तेमाल आतंकी गतिविधियों को संपन्न करने के लिए किया जाता है। ऑनलाइन उग्रवाद, डिजिटल माध्यमों से धार्मिक कट्टरता आधारित जेहाद को बढ़ावा देने का प्रयास भी किया जाता है। इंटरनेट के जरिए सोशल मीडिया साइट्स पर युवाओं की आतंकी संगठनों में भर्ती, उनके प्रशिक्षण के व्यवस्थित कोर्स इस्लामिक चरमपंथी संगठनों द्वारा चलाए जाते हैं। बांग्लादेश में आतंकी जेहाद को फैलाने के लिए ऑनलाइन क़ुरान कोर्स रैडिकल उद्देश्यों के लिए चलाया जाता है। इस्लामिक चरमपंथ के विरुद्ध बोलने वाले पत्रकारों और ब्लॉगर की हत्या भी आतंकी संगठनों के जरिए की जाती है। साइबर आतंकवाद एक वाक्यांश है जिसका उपयोग आतंकवादी गतिविधियों में इंटरनेट आधारित हमलों का वर्णन करने के लिए किया जाता है, जिसमें शामिल है : कंप्यूटर वायरस जैसे साधनों के माध्यम से कंप्यूटर नेटवर्क में (विशेष रूप से इंटरनेट से जुड़े निजी कंप्यूटर में) जानबूझकर, बड़े पैमाने पर किया गया व्यवधान।

भारत में साइबर अपराध से बचने के उपाय

भारत में साइबर सुरक्षा के लिए विभिन्न स्तरों पर उपाय किए गए हैं। विधायी स्तर पर कुछ कानूनों का निर्माण, संस्थागत स्तर पर कुछ महत्त्वपूर्ण संस्थाओं और संगठनों की स्थापना की गई है। इसके साथ ही कुछ महत्त्वपूर्ण राष्ट्रीय नीतियों, योजनाओं का भी निर्माण साइबर अपराधों से निपटने के लिए किया गया है।

राष्ट्रीय साइबर सुरक्षा नीति, 2013

साइबर खतरों को भाँपते हुए भारत सरकार ने छह साल पहले 2013 में राष्ट्रीय

साइबर सुरक्षा नीति जारी की थी, जिसमें देश के साइबर सुरक्षा के बुनियादी ढाँचे की रक्षा के लिये प्रमुख रणनीतियों को अपनाने की बात कही गई थी। इन नीतियों के तहत देश में 24 घंटे काम करने वाले एक नेशनल क्रिटिकल इन्फॉर्मेशन इन्फ्रास्ट्रक्चर प्रोटेक्शन सेंटर (NCIIPC) की स्थापना शामिल है, जो देश में महत्त्वपूर्ण सूचना तंत्र के बुनियादी ढाँचे की सुरक्षा के लिये एक नोडल एजेंसी के रूप में काम कर सके। फिलहाल देश में साइबर सुरक्षा पर कोई संयुक्त कार्यकारी समूह नहीं है और साइबर सुरक्षा पर किसी स्वायत्त निकाय का गठन भी नहीं किया गया है।

राष्ट्रीय साइबर सुरक्षा नीति के मुख्य बिंदु निम्नवत हैं—

इलेक्ट्रॉनिक लेन-देन का सुरक्षित माहौल तैयार करना, विश्वास और भरोसा कायम करना तथा साइबर जगत की सुरक्षा के लिये हितधारकों के कार्यों में मार्गदर्शन करना।

देश में सभी स्तरों पर साइबर सुरक्षा के मुद्दों से निपटने के लिये व्यापक, सहयोगात्मक और सामूहिक कार्रवाई हेतु रूपरेखा तैयार की गई है।

इस नीति में ऐसे उद्देश्यों और रणनीतियों की आवश्यकता को मान्यता दी गई है जिन्हें राष्ट्रीय और अंतर्राष्ट्रीय स्तर पर अपनाए जाने की आवश्यकता है।

इस नीति का विज़न और मिशन नागरिकों, व्यवसायियों और सरकार के लिये साइबर जगत को सुरक्षित और लचीला बनाना है।

साइबर हमलों से राष्ट्र को सुरक्षित बनाने और खामियाँ दूर करने का लक्ष्य तय करना।

देश के अंदर सभी हितधारकों के बीच सहयोग और समन्वय बढ़ाना तथा राष्ट्रीय साइबर सुरक्षा विज़न और मिशन के समर्थन में उद्देश्य एवं रणनीति तय करना।

ऐसी रूपरेखा और पहल तैयार की गई हैं जो सरकार के स्तर, क्षेत्र स्तर पर और सरकारी-निजी भागीदारी के माध्यम से आगे बढ़ाई जा सकती हैं।

इससे साइबर सुरक्षा अनुपालन, साइबर हमलों, साइबर अपराध और साइबर बुनियादी ढाँचे जैसे रुझानों की राष्ट्रीय स्तर पर निगरानी की जा सकेगी।

2013 से पहले की भारत की कोई साइबर सुरक्षा नीति नहीं थी। राष्ट्रीय साइबर सुरक्षा नीति इलेक्ट्रॉनिक्स और सूचना प्रौद्योगिकी विभाग द्वारा एक नीतिगत रूपरेखा है। इसका उद्देश्य सार्वजनिक और निजी बुनियादी ढाँचे को साइबर हमलों से बचाना है। साइबर सुरक्षा नीति के उद्देश्य को संचार और सूचना प्रौद्योगिकी मंत्रालय (भारत) द्वारा निम्नानुसार स्पष्ट किया गया है।

—देश में एक सुरक्षित साइबर पर्यावरण बनाने के लिए आईटी सिस्टम में

पर्याप्त सुदृढ़ता व विश्वास उत्पन्न करना, जिसमें साइबरस्पेस में लेन-देन करना शामिल है। इस प्रकार अर्थव्यवस्था के सभी क्षेत्रों में आईटी को स्वीकारना सम्मिलित है।

—अनुरूपता मूल्यांकन (उत्पाद प्रक्रिया प्रौद्योगिकी और लोगों) के माध्यम से सुरक्षा नीतियों और वैश्विक सुरक्षा मानकों और सर्वोत्तम प्रथाओं के अनुपालन के लिए कार्यों को बढ़ावा देने और सक्षम करने के लिए एक आश्वासन ढाँचा तैयार करना।

—एक सुरक्षित साइबर स्पेस इकोसिस्टम सुनिश्चित करने के लिए नियामक ढाँचे को मजबूत करने के लिए।

—राष्ट्रीय और क्षेत्रीय स्तर 24*7 तंत्र को बढ़ाने और बनाने के लिए आईसीटी इन्फ्रास्ट्रक्चर के लिए रणनीतिक जानकारी प्राप्त करने, प्रतिक्रिया संकल्प और संकट प्रबंधन के लिए प्रभावी पूर्वानुमान, निवारक सुरक्षात्मक प्रतिक्रिया और पुनर्प्राप्ति कार्यों के माध्यम से परिदृश्य बनाना।

—ऐसे उत्पाद की सुरक्षा के परीक्षण और सत्यापन के लिए बुनियादी ढाँचे की स्थापना करके आईसीटी उत्पादों और सेवाओं की अखंडता की दृश्यता में सुधार करना।

—कौशल और प्रशिक्षण के माध्यम से अगले 5 वर्षों में कुशल 500000 पेशेवरों के लिए कार्यबल बनाने के लिए क्षमता निर्माण।

—मानक सुरक्षा प्रथाओं और प्रक्रियाओं को अपनाने के लिए व्यवसायों को वित्तीय लाभ प्रदान करना।

—प्रक्रिया के दौरान सूचना के संरक्षण को सक्षम करना, सँभालना, भंडारण तथा पारगमन करना, जिसके फलस्वरूप नागरिकों के डेटा की गोपनीयता को सुरक्षित रखा जा सके और साइबर-अपराध या डेटा चोरी के कारण आर्थिक नुकसान को कम किया जा सके।

साइबर अपराध और हैकिंग की रोकथाम के लिए सरकार द्वारा उठाए गए कदम निम्न हैं—

सूचना प्रौद्योगिकी अधिनियम 2000 की धाराएँ 43, 43ए, 66, 66बी, 66 सी, 66डी, 66ई, 66एफ, 67, 67ए, 67बी, 70, 72, 72ए और 74 हैकिंग और साइबर अपराधों से संबंधित हैं।

सरकार ने साइबर सुरक्षा से संबंधित फ्रेमवर्क का अनुमोदन किया है। इसके लिए राष्ट्रीय सुरक्षा परिषद सचिवालय को नोडल एजेंसी बनाया गया है।

राष्ट्रीय विशिष्ट अवसंरचना और विशिष्ट क्षेत्रों में साइबर सुरक्षा के लिए राष्ट्रीय प्रौद्योगिकी अनुसंधान संगठन को नोडल एजेंसी बनाया गया है।

साइबर सुरक्षा के खतरों के विश्लेषण करने, अनुमान लगाने और चेतावनी

देने के लिए भारत कम्प्यूटर आपात प्रतिक्रिया टीम (सीईआरटी-इन) को नोडल एजेंसी बनाया गया।

गृह मंत्रालय ने राज्यों/केन्द्र शासित प्रदेशों के लिए परामर्श जारी किए हैं जो गृह मंत्रालय के वेबसाइट पर उपलब्ध हैं।

महिलाओं और बच्चों के खिलाफ होने वाले साइबर अपराधों के लिए गृह मंत्रालय 'महिला व बच्चों के खिलाफ होने वाले साइबर अपराधों की रोकथाम' कार्यक्रम का कार्यान्वयन कर रहा है।

फोन पर होने वाले धोखाधड़ी से निपटने के लिए गृह मंत्रालय ने अंतर-मंत्रालय समिति का गठन किया है। इसके अलावा गृह मंत्रालय ने 13 जनवरी, 2018 और 12 फरवरी, 2018 को राज्यों/केन्द्र शासित प्रदेशों के लिए दिशा-निर्देश भी जारी किए हैं।

भारत इंटरनेट का तीसरा सबसे बड़ा उपयोगकर्ता है और हाल के वर्षों में साइबर अपराध कई गुना बढ़ गए हैं। साइबर सुरक्षा उपलब्ध कराने के लिए सरकार की ओर से कई कदम उठाए गए हैं।

'नई राष्ट्रीय साइबर सुरक्षा रणनीति की ओर' विषय पर 12वाँ भारतीय सुरक्षा सम्मेलन वर्ष 2019 में गृह मंत्रालय द्वारा आयोजित किया गया था। इस सम्मेलन के दौरान महत्त्वपूर्ण राष्ट्रीय आधारभूत ढाँचों की सुरक्षा, उभरते साइबर खतरों, घटनाओं, चुनौतियों एवं प्रतिक्रिया जैसे कई विषयों पर चर्चा की गई।

जनवरी 2020 में केंद्रीय गृह मंत्रालय ने देश में साइबर अपराधों से समन्वित और प्रभावी तरीके से निपटने के लिए भारतीय साइबर अपराध समन्वय केंद्र (आई4सी) का उद्घाटन किया है और इसके अतिरिक्त राष्ट्रीय साइबर अपराध रिपोर्टिंग पोर्टल भी साइबर सुरक्षा के उद्देश्य से निर्मित कर कार्यशील किया गया है। यह अत्याधुनिक केंद्र नई दिल्ली में स्थित है।

भारत सरकार द्वारा आश्वस्त परियोजना के तहत साइबर अपराधों के पीड़ितों के लिए समर्पित देश की पहली हेल्पलाइन शुरू की गई है। परियोजना के तहत, साइबर अपराध घटना प्रतिक्रिया इकाई, साइबर सुरक्षा लैब, साइबर अपराध समन्वय पोर्टल, साइबर अपराध निरोधक इकाई की स्थापना भी की जाएगी।

राष्ट्रीय साइबर अपराध रिपोर्टिंग पोर्टल

यह पोर्टल साइबर अपराध की शिकायतों की ऑनलाइन रिपोर्ट करने के लिए पीड़ितों / शिकायतकर्ताओं को सुविधा प्रदान करने के लिए भारत सरकार की एक पहल है। यह पोर्टल केवल साइबर अपराधों से संबंधित शिकायतों, विशेष रूप से महिलाओं और बच्चों के खिलाफ साइबर अपराधों के लिए है। इस पोर्टल पर दर्ज

की गई शिकायतों को कानून प्रवर्तन एजेंसियों / पुलिस द्वारा शिकायतों में उपलब्ध सूचना के आधार पर निपटाया जाता है। त्वरित कार्रवाई के लिए शिकायत दर्ज करते समय सही और सटीक विवरण प्रदान करना अनिवार्य है। आपातकालीन स्थिति में या साइबर अपराधों के अलावा अन्य अपराधों की रिपोर्टिंग के लिए कृपया स्थानीय पुलिस से संपर्क करें। राष्ट्रीय पुलिस हेल्पलाइन नंबर 100 है। राष्ट्रीय महिला हेल्पलाइन नंबर 181 है।

साइबर सुरक्षित भारत पहल

भारत में साइबर हमलों की घटना को देखते हुए और डिजिटल इंडिया अभियान को सफल बनाने के उद्देश्य से इलेक्ट्रॉनिक्स एंड इंफॉर्मेशन टेक्नोलॉजी मंत्रालय ने नेशनल ई गवर्नेंस डिवीजन और औद्योगिक साझेदारों के साथ मिलकर साइबर सुरक्षित भारत पहल की शुरुआत की है। देश में साइबर सुरक्षा के लिए एक बेहतर माहौल बनाने के लिए इसे लॉन्च किया गया है। इसमें साइबर सुरक्षा जागरुकता, क्षमता निर्माण और सरकारी विभागों को साइबर खतरों से निपटने वाले आईटी तंत्र को मजबूती देने पर बल दिया गया है। इसमें केंद्र सरकार, राज्य सरकार, संघ शासित प्रदेशों की सरकार, सार्वजनिक क्षेत्र के उपक्रम, सार्वजनिक क्षेत्र के बैंक और बीमा कंपनियों, पुलिस और सुरक्षा बलों की तकनीकी शाखाओं द्वारा संगठित स्तर पर साइबर सुरक्षा के क्षेत्र में कार्य करने पर बल दिया गया है।

इस पहल में साइबर खतरों से जुड़े तकनीकी पहलुओं और उसके समाधान के उपायों के बारे में जागरुकता अभियान चलाने की बात की गई है। साइबर सुरक्षित भारत साइबर सुरक्षा के क्षेत्र में पहला सरकारी निजी भागीदारी वाला कार्यक्रम है जिसमें आईटी उद्योग की विशेषज्ञता का उपयोग किये जाने का प्रावधान है। इस अभियान में सहायता करने वालों में माइक्रोसॉफ्ट, इंटेल, विप्रो, रेडहैट और डायमेंशन इंडिया डाटा शामिल हैं। इसके अतिरिक्त नॉलेज साझेदारों में सेर्ट इन, एनआईसी, नास्कॉम, फिडो अलायंस के साथ ही डेलॉयट और ईवाई शामिल हैं।

साइबर डोम प्रोजेक्ट के जरिए साइबर सुरक्षा

साइबर अपराधों की बढ़ती घटनाओं को देखते हुए इससे निपटने के लिए राष्ट्रीय और राज्य स्तर पर एक समावेशी, समन्वित और समग्र रणनीति की जरूरत महसूस की जा रही थी। इसी क्रम में केरल के पुलिस विभाग ने साइबर डोम प्रोजेक्ट की पहल की। यह एक तकनीकी अनुसंधान और विकास केन्द्र है, जिसे साइबर सुरक्षा के क्षेत्र में सेंटर ऑफ एक्सीलेंस के रूप में गठित किया गया है। यह एक

उच्च प्रौद्योगिकी सार्वजनिक और निजी सहभागिता केंद्र के रूप में है, जो साइबर सुरक्षा से जुड़े सभी शेयरधारकों को समन्वित प्रयास के लिए एकीकृत करता है। इसमें सूचना प्रौद्योगिकी उद्योग से जुड़े विशेषज्ञों पर खास बल दिया गया है। इसमें एथिकल हैकर, एक्सपर्ट कोडर्स, सॉफ्टवेयर में विशेष कौशल प्राप्त युवाओं, विधि प्रवर्तकों, स्वैच्छिक स्तर पर सेवा देने वाले नागरिकों को एक फोरम पर जोड़ने का प्रयास किया गया है। इन्हें राज्य के विधि प्रवर्तन के फर्स्ट लाइन ऑफ डिफेंस के रूप में निरूपित किया गया है जो ऑनलाइन खतरों से निपटने में अपना सहयोग देंगे। केरल के अलावा असम, महाराष्ट्र और तेलंगाना ने भी साइबर डोम प्रोजेक्ट की उपयोगिता समझते हुए इसे अपनाया है।

नई राष्ट्रीय साइबर सुरक्षा रणनीति की ओर, 2019 के प्रमुख पहलू

28 अगस्त, 2019 को नई दिल्ली में 'नई राष्ट्रीय साइबर सुरक्षा रणनीति की ओर' विषय पर 12वें भारतीय सुरक्षा सम्मेलन का आयोजन किया गया। सम्मेलन के दौरान महत्त्वपूर्ण राष्ट्रीय आधारभूत ढाँचों की सुरक्षा, उभरते साइबर खतरों, घटनाओं, चुनौतियों एवं प्रतिक्रिया जैसे कई विषयों पर चर्चा की गई। साथ ही इस विषय पर भी ध्यान केंद्रित किया गया कि 'डिजिटल संस्कृति' एक पीढ़ी से दूसरी पीढ़ी में परिवर्तित हो रही है। हर प्रौद्योगिकी की अपनी उपयोगिता है, इसी तरह साइबर प्रौद्योगिकी में इन दिनों बड़ी तेज़ी आई है। लेकिन एक वरदान होने के साथ ही यह प्रौद्योगिकी एक बड़ा खतरा भी बन गई है। भारतीय नागरिकों की निजता की सुरक्षा, देश की आर्थिक संप्रभुता की सुरक्षा की दृष्टि से राष्ट्रीय स्तर पर ठोस रणनीति अपेक्षित है।

इस प्रोजेक्ट के तहत एक साइबर डिफेंस कॉर्प गठित किया गया। इसके साथ ही बच्चों की ऑनलाइन सुरक्षा के लिए किंगग्लोव प्रोग्राम भी चलाया गया। पायरेसी ट्रैकर के रूप में एक सॉफ्टवेयर का भी विकास इसके तहत किया गया है।

अध्याय 7

काला धन : अर्थ, आयाम और चुनौतियाँ

काला धन देश की अर्थव्यवस्था और आंतरिक सुरक्षा दोनों के लिए एक गंभीर चुनौती है। चूँकि यह औपचारिक मुद्रा बैंकिंग या वित्तीय प्रणाली का हिस्सा नहीं होता, इसलिए इसका प्रसार एक चुनौती है। काले धन के लिए आमतौर पर कई शब्दों का प्रयोग किया ज़ाता है जैसे समानांतर अर्थव्यवस्था, छाया अर्थव्यवस्था यानि शैडो इकॉनमी, अनौपचारिक अर्थव्यवस्था, बेहिसाब आय, असूचित आय, काली अर्थव्यवस्था, अवैधानिक धन आदि। किसी भी अवैध अथवा अवैधानिक गतिविधि से अर्जित किया गया धन, जो कर अधिकारियों से छुपाया जाता है अथवा जिसका रिपोर्ट टैक्स प्रशासन को नहीं दिया जाता है, उसे काले धन के रूप में देखा जाता है। नेशनल इंस्टीट्यूट ऑफ पब्लिक फाइनेंस एंड पॉलिसी ने भी काले धन को परिभाषित करते हुए कहा है कि, काला धन वह आय होती है जिस पर टैक्स की देनदारी नहीं बनती है और उसकी जानकारी भी टैक्स डिपार्टमेंट को नहीं दी जाती है।

ऐसी अवैध गतिविधियाँ जिनसे काला धन अर्जित किया जाता है, उनमें शामिल हैं—सार्वजनिक क्षेत्र में भ्रष्टाचार, रिश्वतखोरी अथवा सरकारी पद का दुरुपयोग, नशीले पदार्थों की तस्करी, हथियारों की तस्करी, वन्य जीवों की तस्करी, अपराध, संगठित अपराध, आतंकवाद, जाली मुद्रा का व्यापार, अवैध खनन, साइबर अपराध, मनी लॉन्ड्रिंग, हवाला कारोबार, विदेशों में आय से अधिक परिसंपत्ति जमा करना आदि।

एनआईपीएफपी के अनुसार काला धन वह बेहिसाब आय या परिसंपत्ति है जो कर की चोरी (कर अपवंचन) के उद्देश्य से आय, आउटपुट और लेन-देनों की जानबूझकर झूठी रिपोर्टिंग से सृजित होता है। इससे राष्ट्रीय आय का अनुमान नकारात्मक रूप से प्रभावित होता है। दूसरे शब्दों में आयकर, उत्पाद शुल्क, बिक्री कर, स्टांप ड्यूटी जैसे भुगतान से बचने के लिए और अन्य वैधानिक अंशदान के भुगतान से बचने के लिए जिस आय या परिसंपत्ति को छिपाया जाता है वह काला धन है।

काला धन को उत्पन्न करने वाले मुख्य कारक

—अवैधानिक अथवा अवैध गतिविधियों से धन प्राप्ति की लालसा।

—सार्वजनिक जीवन में व्याप्त भ्रष्टाचार अथवा लोक पदों पर बैठे अधिकारियों द्वारा भ्रष्टाचार और रिश्वतखोरी।

—सामाजिक मूल्यों में गिरावट, लेन-देन के बही खातों में हेर-फेर कर काले धन का सृजन।

—जटिल कर संरचना, कर ढाँचे का सरलीकरण न होना।

—सामाजिक आर्थिक प्रस्थिति को ऊँचा उठाने का प्रयास।

—रियल स्टेट, सिक्के और जेवरात बाजार और अन्य ऐसे ही क्षेत्रों में आय का हेरफेर।

टैक्स हेवन और काला धन

1950 के दशक से टैक्स हेवेन शब्द का व्यापक रूप से उपयोग किया गया है। हालाँकि इस शब्द की कोई सटीक परिभाषा नहीं है लेकिन ऑर्गेनाइजेशन ऑफ इकोनामिक कोऑपरेशन एंड डेवलपमेंट यानि ओईसीडी ने इसे निम्नलिखित विशेषताओं के जरिए परिभाषित किया है—

—कम कर अथवा शून्य कर की सुविधा प्रदान करने वाली वित्तीय इकाइयाँ।

—कर के संबंध में सूचना के प्रभावी आदान-प्रदान की कमी।

—वित्तीय लेनदेन गतिविधियों के बारे में पर्याप्त पारदर्शिता की कमी।

वर्ष 2000 में 35 देशों अथवा इकाइयों को टैक्स हेवंस के रूप में सूचीबद्ध किया गया था। टैक्स हेवन आमतौर पर छोटे देश या इकाइयाँ हैं जो अपने यहाँ आने और रहने का निर्णय करने वाले विदेशियों को कम या शून्य कराधान की सुविधा, यह आमतौर पर धन और खातों के बारे में सख्त गोपनीयता की पेशकश करते हैं, एक बेहिसाब धन की सुरक्षा के लिए वह बहुत उदार और अपारदर्शी नियामक वातावरण की पेशकश करते हैं। इसके चलते बहुराष्ट्रीय संस्थाएँ अपनी वैश्विक कर देनदारियों को कम करने के लिए टैक्स हेवंस को एक सुरक्षित स्थान के रूप में देखते हैं। इसके साथ ही कर बचाने की इच्छुक कई कॉरपोरेट और गैर कॉरपोरेट निकाय, बहुराष्ट्रीय कम्पनियाँ टैक्स हेवन में कृत्रिम कंपनियाँ (कंड्इट) बनाकर इस नेटवर्क में शामिल होते हैं, जो कम अथवा शून्य कर होने की सुविधा को ध्यान में रखते हुए इस तरह की जाली कंपनियों (कंडूइट) को कृत्रिम रूप से अपनी आय को स्थानांतरित कर देती हैं।

ऑफशोर बैंकिंग सेंटर और काला धन

ऑफशोर बैंकिंग सेंटर अथवा अपतटीय वित्तीय केंद्र की निम्नलिखित विशेषताएँ होती हैं—

—यह ऐसी इकाइयाँ होती हैं जिनके वित्तीय संस्थानों में गैर निवासियों के साथ मुख्य रूप से व्यापार जुड़ा हुआ होता है।

—कम या शून्य कर की सुविधा प्रदान करने वाले केंद्र।

—बैंकिंग गोपनीयता और हल्के वित्तीय विनियमन की व्यवस्था करना। वित्तीय लेन-देनों के मामले में अपारदर्शी व्यवस्था का निर्माण।

काले धन से निपटने के लिए संस्थागत प्रयास

भारत में काले धन से निपटने के प्रमुख संस्थाओं में शामिल हैं : केंद्रीय प्रत्यक्ष कर बोर्ड, केंद्रीय उत्पाद सीमा शुल्क बोर्ड, प्रवर्तन निदेशालय, वित्तीय खुफिया इकाई, राज्य पुलिस के आर्थिक अपराध शाखाएँ, केंद्रीय जाँच ब्यूरो, गंभीर धोखाधड़ी जाँच कार्यालय, नारकोटिक्स कंट्रोल ब्यूरो, केंद्रीय आर्थिक खुफिया ब्यूरो, राष्ट्रीय जाँच एजेंसी आदि। प्रवर्तन निदेशालय को प्रिवेंशन ऑफ मनी लॉन्ड्रिंग एक्ट, 2002 के तहत धन शोधन अपराधों के अभियोजन और जाँच तथा काले धन के काम में लगी संस्थाओं के अपराध में शामिल माल की जब्ती और कुर्की का काम सौंपा गया है। प्रवर्तन निदेशालय अखिल भारतीय स्वरूप का है जो विभिन्न राज्यों और क्षेत्रों में क्षेत्रीय कार्यालयों के रूप में फैला हुआ है। इसी प्रकार वित्तीय खुफिया इकाई का गठन भारत सरकार द्वारा 18 नवंबर 2004 को किया गया था जो धन शोधन और आतंकवादी वित्तपोषण से निपटने में जाँच और प्रवर्तन एजेंसियों द्वारा राष्ट्रीय और अंतर्राष्ट्रीय खुफिया एजेंसियों के प्रयासों को समन्वित करने और मजबूती प्रदान करने के लिए बनाया गया था। यह संदिग्ध वित्तीय लेन-देन से संबंधित जानकारी प्राप्त करने, उसके विश्लेषण और उसके प्रसार के लिए जिम्मेदार है।

मनी लॉन्ड्रिंग : अर्थ और आयाम

धन शोधन वह प्रक्रिया है जहाँ आतंक से प्राप्त धन को वैध धन के रूप में बदला जाता है। ऐसे धन के अवैध उत्पत्ति के स्रोत को छिपाने के उद्देश्य से ऐसा किया जाता है। इंटरपोल के अनुसार कोई भी ऐसा कृत्य या कृत्य के लिए किया गया प्रयास जिससे अवैध तरीके से अर्जित धन की पहचान को छिपा छिपाया जा सके अथवा उसे गुप्त रखा जा सके ताकि वह वैध स्रोतों से उत्पन्न हुआ प्रतीत हो सके,

उसे मनी लॉन्ड्रिंग कहा जाता है। भारत के प्रवर्तन निदेशालय के दिशा-निर्देश के अनुच्छेद 1 में मनी लॉन्ड्रिंग को परिभाषित करते हुए कहा गया है कि यह जानते हुए कि कोई धन गंभीर अपराधों से प्राप्त किया गया है, ऐसे धन के अवैध स्रोत को छिपाने या गुप्त रखने के लिए धन को काले से सफेद बनाने की प्रक्रिया अथवा ऐसे किसी कार्य में किसी व्यक्ति को सहयोग देने में संलग्न होना मनी लॉन्ड्रिंग की प्रक्रिया को दर्शाता है।

मनी लांड्रिंग की प्रक्रिया के तीन चरण होते हैं—

प्लेसमेंट चरण : यह धन शोधन की प्रक्रिया का पहला चरण है जिसमें आपराधिक गतिविधियों से प्राप्त धन वित्तीय प्रणाली में प्रवेश करता है। इस स्तर पर धन शोधन कर्ता काले धन को आमतौर पर नकदी बैंक जमाओं के रूप में एक वैधानिक वित्तीय संस्थान में डालता है। बड़े स्तर पर नकदी का हेर-फेर इस चरण को दर्शाता है।

लेयरिंग चरण : धन शोधन अथवा "मनी लॉन्ड्रिंग" में दूसरे चरण को 'लेयरिंग' के नाम से जानते हैं। यह धन छुपाने से सम्बंधित चरण है। इसमें धन शोधन कर्ता लेखा बही खातों अथवा अकाउंट्स बुक में हेर-फेर करके और अन्य संदिग्ध लेन-देन करके अपनी वास्तविक आय को छुपा लेता है। धन शोधन कर्ता, धनराशि को निवेश के साधनों जैसे कि बांड, स्टॉक और ट्रैवेलर्स चेक या विदेशों में अपने बैंक खातों में जमा करा देता है। यह खाता अक्सर ऐसे देशों की बैंकों में खोला जाता है जो कि मनी लॉन्ड्रिंग विरोधी अभियानों में सहयोग नहीं करते हैं।

एकीकरण चरण : यह मनी लॉन्ड्रिंग प्रक्रिया का तीसरा और अंतिम चरण है। इस प्रकिया के माध्यम से बाहर भेजा पैसा या देश में लगाया गया अवैध धन वापस धन शोधन कर्ता के पास वैध धन के रूप में आ जाता है। ऐसा धन अक्सर किसी कंपनी में निवेश, अचल संपत्ति खरीदने, लक्जरी सामान खरीदने आदि के माध्यम से वापस आता है।

मनी लॉन्ड्रिंग में शामिल गतिविधियाँ

मनी लॉन्ड्रिंग को धन शोधन कर्ता द्वारा अलग-अलग रूपों में संपन्न किया जाता है। इसमें एक प्रमुख तरीका शेल कंपनियों का निर्माण है। "फर्जी कंपनी बनाना" जिन्हें "शैल कंपनियाँ" भी कहा जाता है, मनी लॉन्ड्रिंग करने का एक प्रभावी उपकरण माना जाता है। शेल कंपनियाँ एक वास्तविक कंपनी की तरह एक कम्पनी होती है लेकिन वास्तव में इसमें कोई संपत्ति नहीं लगी होती है और ना ही इनमें वास्तविक रूप में कोई उत्पादन कार्य होता है। वास्तविक रूप में ये शेल कंपनियाँ केवल कागजों पर ही अस्तित्व में होती हैं, वास्तविक दुनिया में नहीं लेकिन धन

शोधन कर्ता इन कंपनियों की बैलेंस शीट में बड़े-बड़े लेन-देनों को दिखाता है। कंपनी के नाम पर ऋण लेता है, सरकार से कर में छूट लेता है, इनकम टैक्स रिटर्न नहीं भरता है और इन सब फर्जी कार्यों के जरिए वह बहुत-सा काला धन जमा कर लेता है। यदि कोई तीसरा पक्ष वित्तीय अभिलेखों की जाँच करना चाहता है, तो तीसरे पक्ष को धन के स्रोत और स्थान के रूप में जाँच को भ्रमित करने के लिए झूठे दस्तावेजों को दिखा दिया जाता है।

मनी लॉन्ड्रिंग के अन्य तरीकों में शामिल है; किसी बड़े मकान, दुकान या मॉल को खरीदना लेकिन कागजों पर उसकी कीमत कम दिखाना जबकि उस खरीदी गयी संपत्ति की वास्तविक बाजार कीमत कहीं ज्यादा होती है; ऐसा इसलिए किया जाता है ताकि कम कर देना पड़े। इस प्रकार कर चोरी के माध्यम से भी काला धन जुटाया जाता है।

मनी लॉन्ड्रिंग देश की आंतरिक सुरक्षा के लिए चुनौती

मनी लॉन्ड्रिंग देश की आंतरिक सुरक्षा के लिए बड़ा खतरा है क्योंकि यह देश की अर्थव्यवस्था, औपचारिक वित्तीय प्रणाली, बैंकिंग नियमों, प्रतिमान को नकारात्मक तरीके से प्रभावित करता है। यह देश में समानांतर अर्थव्यवस्था, ब्लैक मनी, हवाला कारोबार को बढ़ावा देता है। मनी लॉन्ड्रिंग से अवैधानिक क्रियाकलापों और भ्रष्टाचार को बढ़ावा मिलता है साथ ही यह आतंकवादी और पृथकतावादी गतिविधियों के वित्त पोषण के एक उपकरण के रूप में भी कार्य करता है। भारत के विधि प्रवर्तनकारी निकायों, आर्थिक खुफिया एजेंसियों के समक्ष यह एक चुनौती प्रस्तुत करता है। वर्तमान समय में यह एक संगठित अपराध के रूप में उभरा है। गंभीर आर्थिक अपराधों, मुनाफाखोरी, कालाबाजारी को यह बढ़ावा देता है। धन शोधन या मनी लॉन्ड्रिंग मूल रूप से अवैध या काले धन को वैध धन के रूप में परिवर्तित करने का तरीका है। यह वो प्रक्रिया है जिसमें अवैध तरीके से कमाए गए धन को वैध तरीके से कमाए गए धन के रूप में दिखाने का प्रयास किया जाता है। इस तरह यह अवैधानिक क्रियाकलापों जैसे तस्करी, अपहरण, फिरौती, अवैध खनन आदि के जरिए अर्जित धन को छुपाने का एक तरीका है। धन शोधन के जरिए ऐसी गतिविधियों से कमाए गए धन का निवेश ऐसे कामों में किया जाता है कि जाँच करने वाली एजेंसियाँ धन के मुख्य स्रोत का पता नहीं लगा पातीं। उदाहरण के लिए ऐसे धन से रीयल एस्टेट सेक्टर यानि बड़े पैमाने पर भूमि की खरीद बिक्री, चुनावों की फंडिंग, बेनामी परिसंपत्ति, आबकारी क्षेत्र में निवेश, शेयर बाजार में पार्टिसिपेटरी नोट्स के जरिए पहचान को बताए बिना निवेश, आतंक और विप्लव का वित्त पोषण आदि।

अध्याय 8

अर्ध सैनिक बल, सुरक्षा बल और अन्य प्रतिरक्षा संगठन

असम राइफल्स : संरचना, प्रकार्य और अधिदेश

असम राइफल्स भारत का सर्वाधिक पुराना अर्धसैनिक बल है जिसे ब्रिटिश भारत में 1835 में गठित किया गया था। इसका गठन ब्रिटिश औपनिवेशिक शासन के दौरान हुआ था। ब्रिटिशर्स ने 1835 में असम के चाय बागानों की रक्षा के उद्देश्य से कछार लेवी के नाम से एक सहायक सेना (मिलिशिया) के रूप में इसका गठन किया था। ब्रिटिश सेना ने प्रथम एंग्लो बर्मा युद्ध के दौरान 1824 में असम पर स्वामित्व स्थापित किया था। 1826 में बर्मा ने असम को ब्रिटिश शासन को हस्तांतरित कर दिया था। 1826 से 1832 के मध्य असम को बंगाल प्रेसीडेंसी का भाग बनाया गया था और 1832 से 1838 के मध्य निचले असम में ब्रिटिश सत्ता स्थापित हुई थी और ब्रिटेन ने असम पर अपने स्वामित्व का उपयोग करते हुए 1835 में कछार लेवी के मूल नाम के साथ असम राइफल्स का गठन कर दिया। 1838 में एक ऐसे ही अन्य संगठन जोरहाट मिलीशिया जिसे शान मिलीशिया भी कहते थे, का गठन अंग्रेजों द्वारा असम में किया गया था। इसका भी उद्देश्य असम के चाय बागानों और सीमा क्षेत्रों की सुरक्षा करना था। म्यांमार, जो उस समय बर्मा के नाम से जाना जाता था, के शान पहाड़ी क्षेत्र में रहने वाले शान समुदाय के लोगों को अधिक संख्या में जोरहाट मिलिशिया में भर्ती करने के चलते इसे शान मिलिशिया के नाम से भी जाना गया। कुछ ही समय उपरांत जोरहाट मिलिशिया का विलय अंग्रेजों ने कछार लेवी में कर दिया। इसके उपरांत समय-समय पर इसके नामकरण में बदलाव किया गया। 1883 में इसका नाम फ्रंटियर पुलिस, 1891 में असम मिलिट्री पुलिस, 1913 में ईस्टर्न बंगाल एंड असम मिलिट्री पुलिस और 1920 में असम राइफल्स किया गया। 1920 से वर्तमान समय तक इसे इसी नाम से जाना जाता है।

वर्ष 1965 के पूर्व नॉर्थ ईस्ट फ्रंटियर एजेंसी (नेफा) के लिए अपनाई गई नीति

के तहत यह भारत के विदेश मंत्रालय के तहत कार्य करता था और वर्ष 1965 में भारत सरकार के गृह मंत्रालय को इसके प्रशासनिक नियंत्रण और भारतीय सेना को इसके ऑपरेशनल नियंत्रण का अधिकार दे दिया गया। उल्लेखनीय है कि यह भारत का ऐसा अर्ध सैनिक बल है जिसने 1962 के भारत-चीन युद्ध, 1965 और 1971 के भारत पाकिस्तान युद्ध और श्रीलंका में भारत द्वारा ऑपरेशन पवन के तहत भेजी गई शांति वाहिनी सेना के भाग के रूप में सक्रिय भूमिका निभाई थी। उत्तरपूर्वी भारत में विप्लवकारी घटनाओं से निपटने के लिए इसने ऑपरेशन जेरिको को भी संपन्न किया था।

प्रमुख कार्य

असम राइफल्स का मुख्य कार्य 1640 किलोमीटर लंबे भारत-म्यांमार सीमा की सुरक्षा करना है। इसे उत्तर पूर्वी भारत में आंतरिक अशांति, विप्लव और उग्रवादी और पृथकतावादी गतिविधियों से निपटने की भी जिम्मेदारी दी गई है। उत्तर पूर्वी भारत के राज्यों में निभाई गई भूमिका के लिए इसे उत्तर पूर्व का मित्र और सेंटिनल ऑफ दि नॉर्थ ईस्ट की संज्ञा दी गई है। असम राइफल्स अपनी 46 बटालियनों के माध्यम से उत्तर पूर्वी भारतीय राज्यों की अंतर्राष्ट्रीय सीमाओं की सुरक्षा के लिए सक्रिय है। वर्तमान में इसमें 65, 000 कर्मचारी कार्यरत हैं। इस अर्ध सैनिक बल में 80 प्रतिशत अधिकारी भारतीय सेना से नियुक्त किए जाते हैं। उल्लेखनीय है कि भारत और म्यांमार सीमा पर आतंकी और अलगाववादी गतिविधि के साथ-साथ नशीले पदार्थों की तस्करी की चुनौती विद्यमान रही है। विभिन्न उग्रवादी गुटों के गठजोड़ से उत्तर पूर्वी राज्यों की शांति व्यवस्था भंग करने का प्रयास किया गया है। इनसे निपटने के लिए असम राइफल्स को महत्त्वपूर्ण दायित्व दिया गया है।

असम राइफल्स के आईटीबीपी में विलय के गृह मंत्रालय के प्रस्ताव का औचित्य

एक ऐसे समय में जब भारत के भिन्न-भिन्न अर्ध सैनिक बल और सुरक्षा एजेंसियाँ अंतर्राष्ट्रीय सीमाओं की सुरक्षा में प्रभावी ढंग से लगी हों, नक्सलियों और माओवादियों से निपटने में अपनी भूमिका निभा रही हैं, सीमापार आतंकवाद, तस्करी, संगठित अपराधों को रोकने के काम में लगी हों, ऐसे में अगर यह सूचना सामने आए कि गृह मंत्रालय ने इंडो तिब्बतन पुलिस फोर्स में देश के सबसे पुराने अर्ध सैनिक बल असम राइफल्स के विलय का प्रस्ताव कर दिया है तो इस बात का मूल्यांकन जरूरी हो जाता है कि इससे भारत के सुरक्षा-प्रतिरक्षा तंत्र को क्या

लाभ मिलेगा। यहाँ यह जानना जरूरी है कि असम राइफल्स पर वर्तमान समय में प्रशासकीय नियंत्रण तो गृह मंत्रालय का है लेकिन इस पर परिचालनात्मक (ऑपरेशनल) नियंत्रण भारतीय सेना व प्रतिरक्षा मंत्रालय का है। इस प्रकार देश का सबसे पुराना अर्ध सैनिक बल दोहरे नियंत्रण में अपना कार्य कर रहा है। कहते हैं कि दोहरे नियंत्रण की स्थिति में भूमिका द्वंद्व का उभरना लाज़िमी हो जाता है। क्षेत्राधिकार के इस्तेमाल के लिए नियंत्रकों की तरफ निगाह लगाना पड़ जाता है। गृह मंत्रालय वर्ष 2009 से अब तक 7 बार इस विलय का प्रस्ताव कर चुका है जिसका मूल उद्देश्य असम राइफल्स पर परिचालनात्मक नियंत्रण को अपने क्षेत्राधिकार में लेना है। वर्ष 2017 में इसी के मद्देनजर रक्षा मंत्रालय को प्रस्ताव भेजा गया था कि असम राइफल्स के कुल 46 बटालियनों में से 25 का विलय गृह मंत्रालय में किया जाए और शेष 21 भारतीय सेना के अधीन रखा जाए। इससे एक कदम और आगे बढ़ते हुए दिसंबर, 2018 में भारत सरकार के गृह मंत्रालय ने प्रस्ताव किया कि असम राइफल्स के सभी 46 बटालियनों का विलय आईटीबीपी में कर दिया जाए। पिछले दो तीन माह से यह मुद्दा वाद-विवाद का विषय बना हुआ है कि क्या सेना के नियंत्रण वाले असम राइफल्स की स्वायत्तता का क्षरण तो नहीं हो जाएगा? सितंबर, 2019 में भारतीय गृह मंत्री द्वारा इस विषय को प्रधानमंत्री की अध्यक्षता वाले कैबिनेट कमेटी ऑन सिक्योरिटी के संज्ञान में ले आकर निर्णय कराने की मंशा सामने आई। ऐसा माना जा रहा है कि अब इस समिति द्वारा इस प्रस्ताव का परीक्षण किया जाना है कि असम राइफल्स का आईटीबीपी में विलय किया जाए अथवा नहीं।

भारतीय सेना इस प्रस्ताव के खिलाफ है और उसने गृह मंत्रालय को स्पष्ट किया है कि इस विलय प्रस्ताव का भारत के सीमा प्रबंधन, उत्तर पूर्वी भारत सुरक्षा परिदृश्य, भारत-चीन सीमा की निगरानी पर नकारात्मक असर पड़ेगा। सेना का कहना है कि इस निर्णय से भारत-चीन सीमा पर वास्तविक नियंत्रण रेखा की निगरानी, चौकसी करने में मुश्किलों का सामना करना पड़ेगा। सेना ने यह भी तर्क दिया है कि इस प्रस्तावित विलय के होने पर जम्मू एवं कश्मीर में आतंकवाद निरोधी अभियानों पर भी नकारात्मक असर पहुँचेगा। भारत म्यांमार सीमा की सुरक्षा और वामपंथी उग्रवाद प्रभावित जिलों में नक्सलवाद और माओवाद से निपटने का हवाला देते हुए सेना ने अपनी चिंता जाहिर करते हुए कहा है कि विलय प्रस्ताव तार्किक नहीं है। उल्लेखनीय है कि जनवरी 2019 में असम राइफल्स ने म्यांमार की सेना के साथ मिलकर ऑपरेशन सनराइज चलाया जिसके जरिए म्यांमार में उत्तर पूर्वी भारतीय राज्यों के उग्रवादी और विप्लवकारी समूहों के अड्डों को निशाना बनाकर उन्हें नष्ट किया गया और इनके कैडरों को गिरफ्तार किया गया।

अगर विलय के मुद्दे के इतिहास पर गौर करें तो असम राइफल्स एक्स

सर्विसमेन वेलफेयर एसोसिएशन के द्वारा असम राइफल्स पर दोहरे नियंत्रण से उत्पन्न होने वाली चुनौतियों के मद्देनजर एक याचिका दायर की गई थी। इनकी चुनौतियों में असम राइफल्स के सेवानिवृत्त कर्मचारियों के पेंशन से जुड़ा मामला शामिल था। याचिकाकर्ता ने यह भी कहा था कि असम राइफल्स का उद्देश्य और उसके कार्य सैन्य और अर्ध सैनिक बल वाले हैं और इसका पुलिस बल के रूप में श्रेणीबद्ध करना अतार्किक और मनमाना है और कर्मचारियों के अधिकारों का उल्लंघन करने वाला है। याचिका में असम राइफल्स को पूर्ण रूप से प्रतिरक्षा मंत्रालय के नियंत्रण में रखने की माँग की गई और तर्क दिया गया कि भारत सरकार (कार्य आवंटन) नियम, 1961 में किसी सुरक्षा बल पर दोहरे नियंत्रण का प्रावधान नहीं है। गौरतलब है कि असम राइफल्स एकमात्र ऐसा अर्द्ध सैनिक बल है जो आर्मी कमांडर्स के अन्तर्गत सैन्य दायित्व का निर्वहन करता है और इसके लिए इसको कोई अतिरिक्त सुविधा नहीं मिलती। यद्यपि 1962 के भारत-चीन युद्ध के बाद सेना को इस पर ऑपरेशनल कंट्रोल दिया गया था, लेकिन तीन वर्ष बाद यह तय किया गया कि गृह मंत्रालय के पास इसका प्रशासकीय नियंत्रण रहेगा।

असम राइफल्स के आईटीबीपी में विलय की चिंता के पीछे सेना के अपने तर्क हैं। एक तरफ जहाँ आईटीबीपी एक सेंट्रल आर्म्ड पुलिस फोर्स है, वहीं असम राइफल्स विशुद्ध अर्ध सैनिक बल है जो सेना को उसके अभियानों में मदद करती है। यदि असम राइफल्स का विलय किया जाता है तो इंडियन आर्मी चीन के साथ लगी पूर्वी सीमा पर अपने पारंपरिक अभियानों में असम राइफल्स का इस्तेमाल कर पाने में सक्षम नहीं रहेगी। असम राइफल्स का महानिदेशक भारतीय सेना के अधिकारी में से ही नियुक्त किया जाता है। असम राइफल्स भारतीय सेना के साथ सहयोग, समन्वय के साथ उत्तर पूर्वी भारत में काउंटर इंसरजेंसी अभियानों को संपन्न करती है। भारतीय सेना का लेफ्टिनेंट जनरल रैंक का पदाधिकारी असम राइफल्स में डॉयरेक्टर जनरल के पद पर नियुक्ति का पात्र होता है, इसलिए भी सेना कहीं न कहीं गृह मंत्रालय के विलय प्रस्ताव के खिलाफ है।

इंडो तिब्बतन बॉर्डर पुलिस

सीमा सुरक्षा, राष्ट्रीय सुरक्षा अथवा देश की प्रादेशिक अखंडता और संप्रभुता की रक्षा के लिए एक पूर्व निर्धारित शर्त है, 1960 के पूर्व भारत ने तिब्बती बौद्ध धर्म गुरु दलाई लामा को उनके अनुयायियों के साथ शरण दिया था। इस घटना के बाद भी चीन ने तिब्बत पर संपूर्ण एकाधिकार करने के लिए तरह-तरह की कोशिशें की और तिब्बत घटनाक्रम ने भारत और चीन के मध्य मतभेद उत्पन्न कर दिए। चीन ने वर्ष 1962 में भारत पर आक्रमण कर दिया था और पहली बार भारत-तिब्बत

सीमा पर आसूचना अथवा खुफिया जानकारी की आवश्यकता महसूस की गई। चीन द्वारा भारत पर युद्ध की इस घड़ी में आइटीबीपी के गठन के लिए संसद में अलग से अधिनियम बनाने की अपेक्षा भारत सरकार द्वारा यह अधिक उचित समझा गया कि शुरुआत में आइटीबीपी का गठन केंद्रीय रिजर्व पुलिस बल अधिनियम 1949 के तहत किया जाए और ऐसा ही किया गया। 24 अक्टूबर 1962 को इंडो तिब्बती बॉर्डर पुलिस का गठन भारत तिब्बत सीमा सुरक्षा हेतु किया गया। आईटीबीपी ने शुरुआत में केवल चार बटालियनों के साथ कार्य करना शुरू किया था।

वर्ष 1992 में भारत सरकार द्वारा एक महत्त्वपूर्ण निर्णय लेते हुए संसद में आइटीबीपीएफ अधिनियम अधिनियमित किया गया और इसी के तहत 1994 में आईटीबीपी नियम भी बनाए गए। इस एक्ट में उल्लेख है कि आइटीबीपी एक सशस्त्र बल है जिसे भारतीय सीमाओं की सुरक्षा करने की जिम्मेदारी दी गई है। इस अधिनियम की धारा 5 ने आइटीबीपी पर नियंत्रण और निर्देश देने के लिए केंद्र सरकार (गृह मंत्रालय) को अधिकृत किया है। केंद्र सरकार के द्वारा नियुक्त एक महानिदेशक इस सशस्त्र बल को निर्देशित और निरीक्षण करता है। धारा 7 में आइटीबीपी के महत्त्वपूर्ण कार्यों का निर्धारण किया गया है। इसमें प्रावधान किया गया है कि इस सशस्त्र बल का प्रत्येक सदस्य भारत के किसी भी भाग में और भारत के बाहर भी सेवा देने के लिए जिम्मेदार है। इस सशस्त्र बल का प्रत्येक सदस्य राष्ट्रपति के प्रसाद पर्यंत अपने पद पर बना रहता है। धारा 10 में स्पष्ट प्रावधान है कि केंद्र सरकार आइटीबीपी के किसी भी सदस्य को सेवा से निलंबित कर सकती है अथवा हटा सकती है। भारतीय संविधान के अनुच्छेद 33 में संसद को प्रदत्त शक्तियों से संगति रखते हुए आइटीबीपीएफ एक्ट, 1992 की धारा 13 में प्रावधान किया गया है कि आईटीबीपी के सदस्यों के संघ निर्माण के अधिकार और विचार और अभिव्यक्ति की स्वतंत्रता का नियमन केंद्र सरकार द्वारा किया जा सकता है। 1994 में आईटीबीपी के अधिनियम बनाए जाने के बाद इस सशस्त्र बल की संरचना, कार्य क्षेत्राधिकार, सदस्यों के दायित्व और उन पर युक्तियुक्त निर्बंधन आदि के बारे में स्पष्ट प्रावधान किए गए।

आइटीबीपी को समय-समय पर सीमा सुरक्षा, काउंटर इंसरजेंसी और आंतरिक सुरक्षा की भूमिका देने के चलते सुरक्षा दायित्व हेतु अधिक बटालियनों की आवश्यकता महसूस हुई और इसमें वृद्धि की गई। वर्तमान में इसमें 56 सर्विस बटालियन, 4 विशेषज्ञ बटालियन तथा 17 प्रशिक्षण केंद्र हैं और लगभग 90, 000 कर्मचारी इस सशस्त्र बल में अपनी सेवाएँ दे रहे हैं। वर्ष 2004 में भारत सरकार की एक सीमा एक बल (वन बॉर्डर, वन फोर्स) पर सिफारिशों के अनुपालन में भारत-चीन की 3488 किलोमीटर लंबी सीमा की सुरक्षा का दायित्व आईटीबीपी को सौंप दिया गया था। वर्ष 2004 में आईटीबीपी ने सिक्किम और अरुणाचल प्रदेश

की सीमाओं की सुरक्षा का दायित्व भी असम राइफल से प्राप्त किया। सशस्त्र बल का सूत्र वाक्य (मोटो) है—शौर्य, दृढ़ता, कर्म, निष्ठा। आइटीबीपी के सभी रैंक के अधिकारी सीमा सुरक्षा के लिए प्रतिबद्ध हैं।

आइटीबीपी के प्रकार्य

आइटीबीपी को बहुआयामी दायित्व दिए गए हैं। आइटीबीपी गृह मंत्रालय से प्रशासित और विनियमित होता है। आईटीबीपी के प्रमुख कार्य निम्नलिखित हैं—

उत्तरी सीमाओं की निगरानी अथवा चौकसी, सीमा अतिक्रमणों की पहचान और उनकी रोकथाम और स्थानीय नागरिकों के मन में सुरक्षा के भाव को बढ़ावा देना।

—अवैध प्रवासन और सीमापारीय तस्करी और अपराधों की रोकथाम।

—संवेदनशील संस्थापनों, बैंकों और संरक्षित व्यक्तियों को सुरक्षा प्रदान करना।

—उपद्रव की स्थिति में किसी क्षेत्र में व्यवस्था को पुनः बहाल करना और संरक्षण देना।

—वर्तमान में आईटीबीपी जम्मू और कश्मीर, हिमाचल प्रदेश, उत्तराखंड, सिक्किम और अरुणाचल प्रदेश (जम्मू व कश्मीर के काराकोरम दर्रे से अरुणाचल प्रदेश के जेलेप ला दर्रे तक) में भारत चीन सीमा की सुरक्षा कर रहा है।

—आईटीबीपी के बॉर्डर ऑफ पोस्ट पर जवान 9, 000 से 18750 फीट की ऊँचाई पर माइनस 45 डिग्री सेल्सियस के तापमान पर अपनी सेवाएँ दे रहे हैं।

—देश भर में राष्ट्रीय महत्त्व के विभिन्न संस्थानों जैसे राष्ट्रपति भवन, उपराष्ट्रपति निवास, रूमटेक मठ (सिक्किम), तिहाड़ जेल (नई दिल्ली), लाल बहादुर शास्त्री एकेडमी (उत्तराखंड) को सुरक्षा प्रदान करने का कार्य करती है।

आइटीबीपी ने संयुक्त राष्ट्र शांति अनुरक्षण मिशनों में भी महत्त्वपूर्ण भूमिका निभाई है।

सशस्त्र सीमा बल : संरचना और प्रकार्य

सशस्त्र सीमा बल भारत का प्रमुख अर्धसैनिक बल है जो गृह मंत्रालय के अधीन काम करता है। 1962 के भारत-चीन युद्ध के दौरान इसे गठित करने की आवश्यकता महसूस की गई थी। इसलिए शुरू में स्पेशल सर्विस ब्यूरो के रूप में इसके गठन का विचार नवंबर, 1962 में दिया गया और मार्च 1963 में इसका गठन हुआ। यह मुख्य रूप से सुदूर सीमा क्षेत्रों में सुरक्षा की जिम्मेदारी वहन करता है। शुरू में इसे उत्तरी असम, उत्तरी बंगाल, उत्तर प्रदेश के पर्वतीय क्षेत्रों (वर्तमान में उत्तराखंड) हिमाचल प्रदेश, पंजाब के क्षेत्र और जम्मू एंड कश्मीर के लद्दाख क्षेत्र की सुरक्षा

की जिम्मेदारी दी गई थी और कालांतर में इसका क्षेत्राधिकार उत्तर पूर्वी भारत में भी बढ़ा दिया गया था।

15 जनवरी 2001 को सशस्त्र सीमा बल को एक सीमा सुरक्षा बल यानि बॉर्डर गार्डिंग फोर्स घोषित किया गया और 2003 में गृह मंत्रालय ने उसका नाम सशस्त्र सीमा बल रखा। 19 जून, 2001 को इसे भारत और नेपाल के सीमा की सुरक्षा की जिम्मेदारी दी गई और 2004 में इसे भारत भूटान सीमा की सुरक्षा की जिम्मेदारी दी गई और इसे प्रमुख आसूचना अभिकरण घोषित किया गया। वर्तमान में यह नेपाल और भूटान की सीमा की सुरक्षा की जिम्मेदारी रखता है।

सशस्त्र सीमा बल के कार्य—

सीमापारीय अपराध का नियंत्रण,

तस्करी और अन्य गतिविधियों से निपटना,

सिविक एक्शन प्रोग्राम चलाना,

सीमा क्षेत्रों में रहने वाले स्थानीय लोगों के मन में सुरक्षा के भाव को विकसित करना,

काउंटर इंसरजेंसी ऑपरेशंस चलाना आदि।

सशस्त्र सीमा बल सुरक्षा और भाईचारा के मोटो के साथ कार्य करता है।

सीमा सुरक्षा बल अथवा बॉर्डर सिक्योरिटी फोर्स : संरचना और कार्य

वर्ष 1965 के पहले भारत और पाकिस्तान की सीमा पर सुरक्षा की जिम्मेदारी राज्य सशस्त्र पुलिस बटालियनों को दी गई थी लेकिन पाकिस्तान ने 9 अप्रैल, 1965 को कच्छ की खाड़ी में सरदार पोस्ट, बेरियाबेट, चहरबेट पर आक्रमण कर दिया था। इस गंभीर स्थिति को देखते हुए एक विशेषीकृत और केंद्र सरकार के नियंत्रण वाली बॉर्डर सिक्योरिटी फोर्स के गठन की आवश्यकता महसूस हुई। इसलिए 1 दिसंबर, 1965 को बॉर्डर सिक्योरिटी फोर्स का गठन किया गया और के. एफ रुस्तमजी को इसका प्रमुख बनाया गया।

बीएसएफ ने वर्ष 1971 में भारत-पाकिस्तान युद्ध में अपनी महत्त्वपूर्ण भूमिका निभाई। उस समय एनी टास्क, एनीव्हेयर, एनीटाइम का नारा इसने दिया था।

बीएसएफ के कार्य

बीएसएफ को सबसे महत्त्वपूर्ण जिम्मेदारी अंतर्राष्ट्रीय सीमा की सुरक्षा, सीमाओं पर बाड़बंदी, सीमाओं पर लाइटिंग की व्यवस्था करना और महत्त्वपूर्ण सामरिक मार्गों व सड़कों का निर्माण करने की दी गई है।

इसका एक अन्य प्रमुख कार्य घुसपैठ और सीमा पार आतंकवाद और सीमा पार संगठित अपराधों को नियंत्रित करना है।

बीएसएफ प्रत्येक वर्ष संयुक्त राष्ट्र संघ के मिशनों की सेवाओं में अपने कार्मिकों की तैनाती भी करता है। वर्ष 1999 में कारगिल संघर्ष के दौरान बीएसएफ ने भारतीय सेना के साथ मिलकर प्रादेशिक अखंडता और संप्रभुता की रक्षा की थी।

बीएसएफ के कर्मचारी मणिपुर में आंतरिक सुरक्षा के दायित्व का भी निर्वहन कर चुके हैं।

बीएसएफ ने मणिपुर में काउंटर इंसरजेंसी अभियान भी चलाए हैं। इसके द्वारा बाढ़ ग्रस्त इलाकों में पीड़ित लोगों को राहत और बचाव कार्य के जरिए सहयोग प्रदान करने का काम भी बीएसएफ द्वारा किया गया है।

बीएसएफ जम्मू कश्मीर में अंतर्राष्ट्रीय सीमाओं की बाड़बंदी पर विशेष ध्यान केंद्रित करता है और यह बांग्लादेश से भी आने वाले अवैध प्रवासियों पर भी निगाह रखकर नियंत्रण करता है।

केंद्रीय औद्योगिक सुरक्षा बल संरचना और कार्य

केंद्रीय औद्योगिक सुरक्षा बल भारत का एक प्रमुख अर्धसैनिक बल है जो केंद्रीय औद्योगिक सुरक्षा बल अधिनियम 1968 के तहत बनाया गया था। वर्ष 1969 से इसने सक्रिय रूप से कार्य करना शुरू किया। इसमें 10 रिजर्व बटालियन और 8 ट्रेनिंग संस्थान हैं और यह डेढ़ लाख से अधिक कर्मचारियों के साथ अपनी भूमिका निभा रहा है।

केंद्रीय औद्योगिक सुरक्षा बल के प्रमुख कार्य निम्नलिखित हैं –

इसे महत्त्वपूर्ण संपदाओं और संयंत्रों की सुरक्षा के साथ-साथ महत्त्वपूर्ण स्थलों और स्मारकों की सुरक्षा की जिम्मेदारी दी गई है।

सामरिक प्रतिष्ठानों जैसे अंतरिक्ष विभाग, ऊर्जा विभाग, एयरपोर्ट्स, दिल्ली मेट्रो, प्रमुख बंदरगाहों, ऐतिहासिक इमारतों, भारतीय अर्थव्यवस्था के मूलभूत क्षेत्रों जैसे पेट्रोलियम, प्राकृतिक गैस, विद्युत, कोयला, स्टील, खनन क्षेत्र आदि को सुरक्षा प्रदान करना।

कुछ महत्त्वपूर्ण सरकारी भवनों और कुछ निजी क्षेत्र की इकाइयों को भी सुरक्षा प्रदान करना।

केंद्रीय औद्योगिक सुरक्षा बल भारतीय प्रोटोकॉल के तहत संरक्षित व्यक्तियों को जेड प्लस जेड एक्स और वाई सुरक्षा प्रदान करता है।

यह एकमात्र ऐसा अर्धसैनिक बल है जिसके पास अपनी अग्निशमन शाखा यानि डेडीकेटेड फायर विंग है।

सीआईएसएफ संयुक्त राष्ट्र शांति अभियानों में भी अपनी भूमिका निभा चुका है और इसने हैती में संयुक्त राष्ट्र संघ की फॉर्म्ड पुलिस यूनिट की स्थापना भी की थी।

यह परमाणु संयंत्रों, संस्थापनों, हवाई अड्डों और विद्युत संयंत्रों को सुरक्षा प्रदान करता है, साथ ही देश के सार्वजनिक क्षेत्र के उपक्रमों जैसे ओएनजीसी, ओआईसी, गेल, सेल और नाल्को आदि को भी सुरक्षा प्रदान करता है।

अक्टूबर 2019 में सीआईएसएफ चर्चा में रहा जब इसने इंदिरा गांधी एयरपोर्ट पर खुफिया विभाग के साथ मिलकर वन्यजीवों की तस्करी का पर्दाफाश किया और लगभग 50 किलोग्राम मोर के पंख को जब्त किया जिसे हांगकांग ले जाया जा रहा था। इसके अलावा अक्टूबर, 2019 में ही दिल्ली मेट्रो की सुरक्षा में तैनात केंद्रीय औद्योगिक सुरक्षा बल ने जाली मुद्रा के गिरोह का भी पर्दाफाश किया था।

केन्द्रीय रिजर्व पुलिस बल

यह देश का सबसे बड़ा केंद्रीय सशस्त्र पुलिस बल है। इसका गठन 27 जुलाई 1939 को शाही प्रतिनिधि के पुलिस के रूप में हुआ था और यह 28 दिसंबर 1949 को सीआरपीएफ अधिनियम के लागू होने पर केंद्रीय रिजर्व पुलिस बल बन गया। केंद्रीय रिजर्व पुलिस बल अपनी 246 बटालियनों (208 बटालियनों, 6 महिला बटालियनों, 15 आर.ए.एफ. बटालियनों, 5 बेतार बटालियनों और 1 विशेष ड्यूटी ग्रुप, 1 संसदीय ड्यूटी ग्रुप), 43 ग्रुप केंद्रों, 20 प्रशिक्षण संस्थानों, 3 सी.डब्ल्यू.एस., 7 ए.डब्ल्यू.एस., 3 एस.डब्ल्यू.एस., 100 बिस्तरे 4 संयुक्त अस्पतालों और 50 बिस्तरे 17 संयुक्त अस्पतालों के साथ एक बड़े संगठन के रूप में अपने सुरक्षा दायित्व को निभा रहा है। इसके मिशन को देखें तो यह संविधान की सर्वोच्चता को कायम रखने, सरकार को राष्ट्रीय अखंडता बनाए रखने और सामाजिक समानता और विकास को बढ़ावा देने के लिए कानून, लोक व्यवस्था और आंतरिक सुरक्षा के नियम को प्रभावी ढंग से और कुशलतापूर्वक बनाए रखने के मिशन के साथ कार्य करता है।

सीआरपीएफ की भूमिका

—कानून व व्यवस्था बनाए रखने और उग्रवाद को खत्म करने के अभियान के साथ ही शांतिपूर्ण चुनाव संपन्न कराने में भी सीआरपीएफ की भूमिका अहम रही है। जम्मू और कश्मीर, बिहार और उत्तरपूर्व के राज्यों में चुनावों के दौरान, सीआरपीएफ की भूमिका सराहनीय और महत्त्वपूर्ण होती है। संसदीय चुनाव और

राज्य विधानसभा चुनाव के दौरान सीआरपीएफ सुरक्षा व्यवस्था में बहुत विशेष ढंग से सक्रिय रहती है।

यह केन्द्र सरकार के द्वारा स्थापित स्थलों जैसे—हवाईअड्डा, पुलों, पॉवरहाउस, दूरदर्शन केन्द्रों, सभी ऑल इंडिया रेडियो स्टेशनों, राज्यपालों के निवासस्थलों और मुख्यमंत्री आवासों की सुरक्षा करने का दायित्व भी निभाती है। इसके अलावा यह बल राष्ट्रीय बैंकों व अन्य सरकारी स्थलों पर भी सुरक्षा में तैनात रहती है।

यह बल लोकतांत्रिक संस्थानों की सुरक्षा को सुनिश्चित करती है, और वहाँ किसी भी प्रकार की उग्रवादी गतिविधियों को होने से रोकती है। बेहद अशांत क्षेत्रों में इसकी भूमिका महत्त्वपूर्ण होती है।

इस बल का 7.5 प्रतिशत हिस्सा, उत्तरी-पूर्व राज्यों, जम्मू और कश्मीर, बिहार व आंध्र प्रदेश में अतिविशिष्ट लोगों की सुरक्षा में तैनाती किया गया है जिसमें जम्मू-कश्मीर, अरुणाचल प्रदेश, मणिपुर और नागालैंड, त्रिपुरा व मिज़ोरम के राज्यपाल, मुख्यमंत्री, मंत्री, सांसद जैसे अन्य विशिष्ट व्यक्ति शामिल हैं। इसके अलावा, यह बल भारत के प्रधानमंत्री के कार्यालय व निवासस्थल तथा अन्य केन्द्रीय मंत्रियों व गणमान्य व्यक्तियों के आवास स्थानों और कार्यालयों पर भी तैनाती रहती है ताकि उनकी सुरक्षा में कोई चूक न हो सके।

सीआरपीएफ का 17.5 प्रतिशत हिस्सा, सचिवालयों, दूरदर्शन केन्द्रों, दूरभाष केन्द्रों, बैंकों, पनबिजली परियोजनाओं, जेलों आदि व आतंकवाद प्रभावित क्षेत्रों में केन्द्र और राज्य सरकारों के महत्त्वपूर्ण प्रतिष्ठानों की रक्षा के लिए प्रतिनियुक्त किया गया है।

इसे तीन संवेदनशील स्थानों; कृष्ण जन्मभूमि—शाही इदगाह मस्जिद कॉम्पलेक्स (मथुरा), राम जन्म भूमि—बाबरी मस्जिद (अयोध्या) और काशी विश्वनाथ मंदिर—ज्ञानवापी मस्जिद (वाराणसी) की सुरक्षा की भी जिम्मेदारी दी गई है। यह बल माता वैष्णो देवी मंदिर, कटरा, जम्मू कश्मीर में भी सुरक्षा के लिए सक्रिय रहता है।

इस बल ने 1980 के दशक के दौरान पंजाब में आतंकवाद को रोकने में अहम भूमिका निभाई है और 1990 के दशक के दौरान इसी प्रकार की स्थिति का सामना, त्रिपुरा में भी किया। 2001 में, मंत्रियों के समूह की सिफारिश के आधार पर, सीआरपीएफ को देश के प्रमुख आंतरिक सुरक्षा बल के रूप में नामित किया गया था। वर्तमान में, फोर्स का एक तिहाई से अधिक हिस्सा, वामपंथी उग्रवाद को नियंत्रित करने के लिए दक्षिणपंथी अतिवादी प्रभावित क्षेत्रों में तैनात किया गया है। पश्चिम बंगाल, बिहार के रोहतास इलाके और कैमूर क्षेत्रों से नक्सलवाद को दूर करने में सीआरपीएफ का अभूतपूर्व योगदान रहा है।

के. रि. पु. बल ने देश में आई विभिन्न प्राकृतिक आपदाओं के दौरान बचाव और राहत कार्यों को किया है; जैसे—ओडिया सुपर साईक्लोन (1999), गुजरात में भूकम्प (2001), सुनामी (2004) और जम्मू-कश्मीर में भूकम्प (2005)। सीआरपीएफ ने साबित कर दिखाया है कि यह, श्रीलंका (1987), हैती (1995), कोसोवो (2000) और लाइबेरिया (महिला दस्ता) जैसे; विभिन्न विदेशी संयुक्त राष्ट्र तैनाती के दौरान भी वीरतापूर्वक कार्य करती है।

अध्याय 9

भारत में तटीय सुरक्षा का मुद्दा

भारत के पास 7516.6 किलोमीटर लंबी तट रेखा है जो अक्सर राष्ट्र विरोधी गतिविधियों के चलते संवेदनशील मानी गई है। भारत की तट रेखा पूर्व में बंगाल की खाड़ी, पश्चिम में अरब सागर, दक्षिण में हिन्द महासागर सहित मुख्यभूमि और द्वीपों से घिरी है। वस्तुओं, स्वर्ण, नारकोटिक्स, विस्फोटकों अथवा गोला बारूद की तस्करी और घुसपैठ की घटनाओं से तटीय क्षेत्र कई अवसरों पर असुरक्षित हुआ है। श्रीलंका, बांग्लादेश, पाकिस्तान और खाड़ी देशों के साथ भारतीय तटों की भौगोलिक निकटता ने भारतीय तटों को संवेदनशील क्षेत्र बना दिया है। भारत के पश्चिमी तट खाड़ी देशों के निकट स्थित हैं। गुजरात और संयुक्त अरब अमीरात के बीच की दूरी 2000 किलोमीटर से भी कम है। इस नजदीकी से भारत के पश्चिमी तट और खाड़ी और पूर्वी अफ्रीकी देशों के साथ समुद्री मार्ग के जरिए व्यापार होता आया है। लेकिन इसके साथ समुद्री डकैती की भी घटना से भारत समेत कई राष्ट्रों के हित प्रभावित हुए हैं।

इन तटीय राज्यों में स्थित महत्त्वपूर्ण सामरिक बंदरगाहों, विशेष आर्थिक क्षेत्रों, ऊर्जा परियोजनाओं और संयंत्रों की गैर राज्य अभिकर्ताओं जैसे आतंकी संगठनों, उग्रवादी समूहों, अलगाववादी गुटों से सुरक्षा भारत के लिए राष्ट्रीय हित और राष्ट्रीय सुरक्षा का विषय है। गुजरात, महाराष्ट्र, गोवा, कर्नाटक, केरल, तमिलनाडु, आंध्रप्रदेश, उड़ीसा, पश्चिम बंगाल, दमन दीव, लक्षद्वीप, पुदुचेरी और अंडमान निकोबार दीप समूह के तटीय इलाकों की सुरक्षा भारत के लिए अति महत्त्वपूर्ण है।

भारत में तटीय सुरक्षा के लिए किए गए उपाय

—भारत में तटीय सुरक्षा के उद्देश्य से तटीय सुरक्षा स्कीम चरण-1 और तटीय सुरक्षा स्कीम-चरण 2 के जरिए तटीय क्षेत्रों में गश्त लगाने, निगरानी करने, इन क्षेत्रों में आधारभूत ढाँचे को मजबूत बनाने के प्रयास किए गए हैं। इसके तहत तटीय

क्षेत्रों में अवैधानिक तरीके से आवागमन को रोकने और आपराधिक गतिविधि को नियंत्रित करने के उपाय किए गए हैं। इसके तहत तटीय पुलिस स्टेशन, आउटपोस्ट और जाँच चौकियों को स्थापित किया गया है।

—भारतीय नौसेना के मुंबई हमले के बाद मुंबई, विशाखापट्टनम, कोच्चि और पोर्ट ब्लेयर में ज्वाइंट ऑपरेशंस सेंटर खुले हैं। सभी तटीय सुरक्षा अभियानों को इन केंद्रों द्वारा समन्वित किया जाता है।

—स्टेट मरीन पुलिस और आसूचना ब्यूरो और अन्य खुफिया एजेंसियों के द्वारा सुरक्षा प्रयासों में मजबूती लाना।

—इंडियन कोस्ट गार्ड को मजबूती देना, फिशरमैन वॉच ग्रुप्स का गठन, प्रमुख बंदरगाहों में वेसल ट्रैफिक मैनेजमेंट प्रणालियों को लगाना।

—सागरीय सुरक्षा के मामलों के प्रबंधन के लिए एक शीर्षस्थ निकाय के गठन का प्रस्ताव।

—तटीय क्षेत्रों में रडारों को लगाना, रडार सेंसर लगाना, 34 रडार स्टेशन भारत के मुख्यभूमि पर कार्यशील हैं, जबकि 40 कोस्ट गार्ड स्टेशन भी सक्रिय होकर सुरक्षा दायित्व निभा रहे हैं।

—नियमित अंतराल पर भारतीय नौसेना, कोस्ट गार्ड, कोस्टल पुलिस, कस्टम्स और अन्य संस्थाओं के ज्वाइंट ऑपरेशनल अभ्यास संपन्न कराए जा रहे हैं।

—नावों का पंजीकरण, नावों पर ट्रांसपोंडर लगाना, मछुआरा बायोमेट्रिक पहचान पत्र की व्यवस्था, तटीय मानचित्रण, सिंगल प्वाइंट मूरिंग की सुरक्षा, सागर प्रहरी बल का गठन जैसे कार्य तटीय सुरक्षा के लिए किए गए हैं।

भारत का सबसे बड़ा तटीय रक्षा अभ्यास 'सागर सतर्कता' (एक्सरसाइज सी-विजिल) 22-23 जनवरी, 2019 को 36 घंटे तक लगातार चला था। 'सागर सतर्कता' अभ्यास को भारतीय नौ सेना और भारतीय तट रक्षक ने तैयार किया था, जिसमें सभी 9 तटीय राज्यों और 4 केंद्र शासित प्रदेशों ने हिस्सा लिया। इस अभ्यास को गृह मंत्रालय, रक्षा मंत्रालय, कस्टम, सीआईएसएफ, मत्स्य पालन विभाग, डीजीएलएल, डीजी नौवहन, बंदरगाह प्राधिकार और तटीय पुलिस का सक्रिय सहयोग रहा। उल्लेखनीय है कि इसके तहत निगरानी, निरीक्षण और नाकाबंदी जैसे तीन वर्गों में अभ्यास किया गया। 'निगरानी' के तहत भारत की पूरी तट रेखा और द्वीपों की निगरानी शामिल है। इसी तरह 'निरीक्षण' के तहत टीमों द्वारा महत्त्वपूर्ण स्थानों की जाँच और 'नाकाबंदी' पुलिस की चुस्ती का अभ्यास किया गया।

भारतीय नौसेना के लिए 16 एंटी सबमरीन वारफेयर शैलो वाटर क्रॉफ्ट (एएसडब्ल्यू एसडब्ल्यूसी) जहाजों के निर्माण के लिए मैसर्स सीएसएल, कोच्चि और जीआरएसई, कोलकाता के साथ अनुबंध पर हस्ताक्षर किए गए हैं। दोनों

शिपयार्ड आठ-आठ जहाजों का निर्माण करेंगे। प्रत्येक शिपयार्ड हर साल दो-दो जहाजों की आपूर्ति करेगा।

भारत की 7516.6 किलोमीटर लम्बी विशाल तट रेखा में 12 प्रमुख बंदरगाह, 184 छोटे बंदरगाह, 1197 द्वीपीय क्षेत्र स्थित होने के कारण एएसडब्ल्यू परिचालनों के लिए तटीय निगरानी को बहुत महत्त्वपूर्ण माना जाता है। कम ड्रैफ्ट के इन विशेष जहाजों के नौसेना में शामिल होने से भारतीय नौसेना की तटीय उथले पानी में एंटी सबमरीन वारफेयर क्षमता में महत्त्वपूर्ण बढ़ोतरी होगी। इस क्षमता में हथियारों, सेंसरों, हॉल माउंटेड और टोड सोनर्स का बेहतर प्रदर्शन भी शामिल है।

अति आधुनिक स्वदेशी इंटीग्रेटेड प्लेटफॉर्म मैनेजमेंट सिस्टम, प्रोपल्शन, सहायक और पीजीडी मशीनरी से युक्त ये जहाज तटीय जल की उपसतह की निगरानी करने और माइन बिछाने में सक्षम हैं। इससे ये सक्षम मंच बनाने के साथ-साथ भारत सरकार की 'मेक इन इंडिया' पहल में महत्त्वपूर्ण उपलब्धि बन जाते हैं।

भारतीय रक्षा मंत्री द्वारा 15 मई, 2020 को वीडियो कॉन्फ्रेंस के माध्यम से गोवा में भारतीय तटरक्षक बल के पोत (आईसीजीएस)'सचेत' और दो अवरोधक नौकाओं (आईबी) सी-450 और सी-451 का जलावतरण किया गया। 'आईसीजीएस सचेत' पाँच अपतटीय गश्ती पोतों (ओपीवी) की शृंखला में पहला है और इसे गोवा शिपयार्ड लिमिटेड (जीएसएल) द्वारा देश में ही डिजाइन एवं निर्मित किया गया है तथा इसे अत्याधुनिक नौवहन एवं संचार उपकरणों से सुसज्जित किया गया है।

संदर्भ ग्रंथ

- भारत सरकार के गृह मंत्रालय के वार्षिक रिपोर्ट।
- संसदीय स्थाई समितियों की आंतरिक सुरक्षा पर रिपोर्ट।
- आंतरिक सुरक्षा से संबंधित मामलों पर प्रेस इंफॉर्मेशन ब्यूरो की प्रेस रिलीज।
- माओइस्ट इंसरजेंसी एंड इंडियाज इंटरनल सिक्योरिटी आर्किटेक्चर, ई. राम. मोहन।
- कीपिंग इंडिया सेफ : दि डिलेमा ऑफ इंटरनल सिक्योरिटी, वाप्पला बालचंद्रन।
- पैरामिलिट्री फोर्सेज ऑफ इंडिया, लेफ्टिनेंट कर्नल एम. डी. शर्मा।
- संयुक्त राष्ट्र संघ और अन्य महत्त्वपूर्ण अंतर्राष्ट्रीय संगठनों की रिपोर्ट।

○○○

नोट्स